방콕의 외계인

글·그림 매튜 브로드허스트

제8회 서울와우북페스티벌 당선작 『당신은 아름다워요, 두꺼비 씨!』로 그림책 세계를 발견했다. 이후 두 번째 그림책 『럭키 덕희』를 출간하고, 2009년 부터 네이버에 도전만화로 연재해 온 웹툰을 추려 『외국 in 한국』을 출간했다. 이번 『방콕의 외계인』을 통해 아이들이 부모와 떠나는 여행에 더 설렐 수 있기를 바라본다.

옮김 박진희

현재 프리랜서로 번역 일을 하고 있다. 그림책과 교재를 주로 번역한다.

방콕의 외계인 아름이의 좌충우돌 세계 도시 대모험 ❶

2026년 1월 19일 초판 1쇄 발행

지은이 매튜 브로드허스트

펴낸이 김희연 · **펴낸곳** ㈜에이엠스토리(amStory) · **편집** 정지혜, 박예지

홍보·마케팅 ㈜에이엠피알(amPR) · **디자인** 서하윤(Paperwork) · **인쇄** ㈜상지사P&B

출판 신고 2010년 1월 29일 제2011-000018호 · **주소** (04352) 서울특별시 용산구 한강대로 296(참빛빌딩) 602호

전화 (02) 779-6319 · **팩스** (02) 779-6317 · **홈페이지** www.amstory.co.kr

ISBN 979-11-85469-29-4 (73810)

방콕의 외계인

글·그림 매튜 브로드허스트
옮김 박진희

amStory

지구에서 아주 아주 많이 떨어진 또 다른 태양계.
자… 다들 조용… 누가 볼지도 모르니까.
디디 공주님, 이건 좋은 생각이 아닌 것 같아요…
난 이 행성의 공주야. 이건 아주 좋은 아이디어라고.

이런, 도저가 앞에 있어.
큰일이네.
무슨 일이죠?
내가 우주선을 보여달라고 요청했어.
황제 폐하께서는 허락하셨나요?
폐하는 울 아빠야, 아빠는 내가 원하는건 뭐든 오케이셔!
그.. 그렇지만..

여기가 우주선을 조종하는 곳이에요.
딩! 조심해! 그건 광속 이동 버튼이라고!
딸깍
— 안 돼!
철컥
구오오오
슝!
오..이런..

딩에게 화내지 마. 얼른 다시 돌아가면 되잖아!
버튼이 끼었어요. 움직이질 않아요!
중력이 사라졌나봐~!
꼭 잡아요!
초공간으로.. 진입한다!!
치키 치키
여기가 어디지?
뿅!

위~옹
무슨 일이야?
행성이 너무 거대한데요? 어서 돌아가요!
위
잘 모르겠어, 조종대가 말을 듣지 않아!
옹!
이미 빨려 들어가고 있어!
슈ㄱ
우주선이 조각 나고 있어! 모두 뭐라도 붙잡아!
위옹위옹위옹위
옹위옹위옹위옹위
빠지직

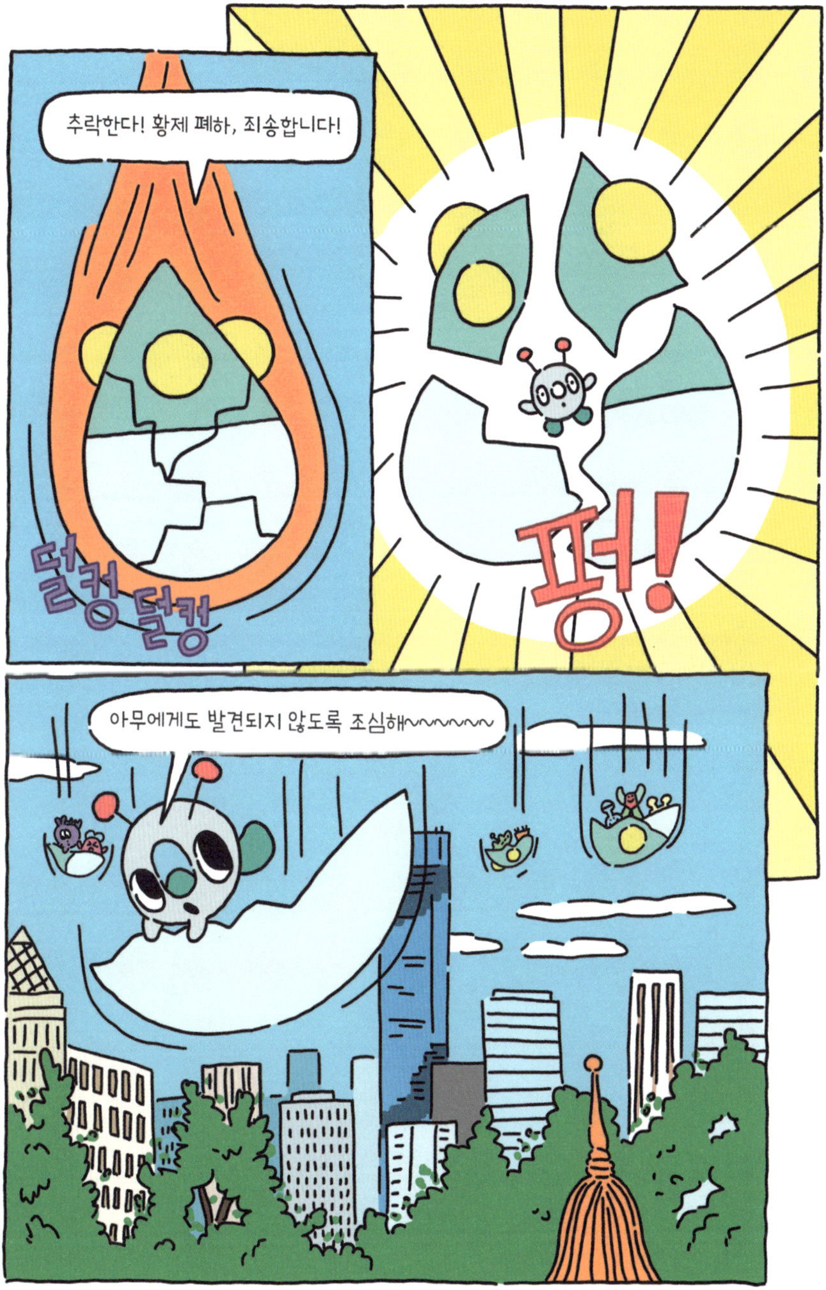
추락한다! 황제 폐하, 죄송합니다!
덜컹 덜컹
펑!
아무에게도 발견되지 않도록 조심해~~~~~~

차례

chapter 1. 룸피니 공원 · 17

chapter 2. 마하나콘 타워 · 34

chapter 3. 센트럴 월드 · 38

chapter 4. 짐 톰슨 하우스 · 46

chapter 5. 프라투남 야시장 · 52

chapter 6. 팍 클롱 탈랏 꽃 시장 · 59

chapter 7. 왓 아룬 · 68

chapter 8. 국수 식당 · 81

chapter 9. 왓 포 · 88

chapter 10. 왕궁 · 94

chapter 11. 다시 돌아온 룸피니 공원 · 111

등장인물

지구

아름

세상에서 제일 좋아하는 건 <유니콘팡> 보기. 남을 돕는 걸 좋아한다.

은호

아름의 남동생. 보이는 건 전부 입에 넣는다.

혜영

아름의 엄마. 셀카 찍는 걸 좋아하고, 햇볕에 그을리는 걸 싫어한다.

민수

아름이의 아빠. 폰에는 가보지 않은 레스토랑이 500개 넘게 저장돼있다. 역사를 좋아한다.

우주선

보즈

플루발루바 5호의 유능한 캡틴.

파워: '점프'를 통해 원하는 곳으로 이동할 수 있다.

디디

플루발루바 5호의 공주. 친절하지만 본인의 사촌들과 반려동물 외에는 그 모습을 보여주지 않는다.

파워: 망가진 물건을 원상태로 되돌릴 수 있다.

딩 / 동 / 댕

디디의 사촌들. 엄청난 개구쟁이들이다. 어지르는 걸 좋아한다.

파워: 세상의 모든 음식을 파워로 만들 수 있다.

토토

디디의 시녀. 착하고 배려심이 있다.

파워: 과하게 즐겁고, 슬프고, 화나고 불안한 감정을 가라앉힐 수 있다.

잽

디디의 반려동물. 눈을 항상 감고 있다.

파워: 움직이지 않는 물건을 움직이게 할 수 있다.

곰곰

디디의 반려동물. 날개가 있지만 잘 날지 못한다.

파워: 아픈 곳을 치유하는 능력이 있다.

플루발루바 5호

헥스 황제

플루발루바 5호의 황제. 엄격하지만 행성인들을 잘 챙긴다.

도저

황제의 부하.

스트레스에 민감한 편이다.

주피 / 키

플루발루바 2호의 외교관

10 왕궁
9 왓 포
6 팍클롱 탈랏
꽃 시장
8 국수 식당
7 왓 아룬
아름이의
방콕
กรุงเทพมหานคร

5 프라투남 야시장
4 짐 톰슨 하우스
3 센트럴 월드
룸피니 공원 1 11
2 마하나콘 타워
N
Key
우주선이 추락한 장소들
1-11 아름이의 여정

1

룸피니 공원

내가 외계인을 처음으로 만난 그날 아침은 평소와 똑같았다. 장소만 빼고 말이다. 왜냐하면 그때 나는 방콕에 있었다. 방콕인데도 불구하고 나는 정말 지루했다. 그리고 부모님께는 티내지 않았지만, 조금 무섭기도 했다. 다른 나라에 온 건 처음이었기 때문이다. 거의 열 살이 다 되어서 처음 다른 나라에 여행 왔으니, 좀 이상하지 않음?

내 친구들은 모두 해외에 여러 번 가본 적이 있었다. 일본, 중국, 베트남, 호주, 하와이, 미국, 심지어 영국과 프랑스까지. 내 절친 지윤이는 열 번째 생일 전에 세계의 모든 나라를

다 가본 것 같았다. 물론 나도 우리나라 여행은 해봤다. 주로 제주도로 휴가를 가곤 했는데, 그건 우리 고향인 부산과 가깝기 때문이었다. 아빠는 제주도가 최고라고 항상 말씀하신다.

아빠가 그렇게 말하시는 건 이해된다. 아빠는 일 때문에 늘 다른 나라로 여행을 다니시는데, 여행에 대해 물어볼 때마다 "지루한 일" 이라고만 답하시기 때문이다. 하지만 나에겐 전 세계를 여행하는 게 전혀 지루해 보이지 않는다.

항상 바빴던 아빠가 마침내 휴가를 길게 낼 수 있게 되었고, 그 기간이 딱 학교 쉬는 날과 맞아떨어져서 우리 가족은 함께 태국에 왔다. 그리고 우리는 지금 방콕의 **룸피니 공원**에 앉아 있었다. "여긴 그냥 아무 공원이 아니야." 아빠가 말씀하셨다. "룸피니 공원은 한때 라마 6세의 개인 소유지였다가 1925년에 사회에 환원됐어. 흥미롭지 않니?"

그렇게 흥미롭지 않아서 아빠 말에 대답하지 않았다. 좀 전에 말했듯이 나는 지루했다. 새로운 나라에 와서 들떠있기는 커녕 내가 제일 하고 싶은 것은 호텔로 돌아가 가장 좋아하는 TV 프로그램인 <유니콘팡>을 보는 것뿐이었다. 난 여기 TV 보러 온 거나 마찬가지다. 왜냐하면 평소에 숙제하기 바빠서 TV를 볼 시간이 없기 때문이다.

"여기 TV보러 온 게 아니니까, 어서." 호텔에서 이제 막

TV를 본격적으로 보려던 순간, 엄마의 잔소리가 시작됐다. 엄마는 우리를 호텔 밖으로 데리고 나왔다.

그래서 우리는 이 공원에, 엄청나게 뜨거운 태국 햇살 아래 앉아 있었는데, 재미있는 일은 하나도 없었고, 아무 계획도 없었다. 나는 호수 위에서 백조 보트를 타고 싶었지만, 엄마는 물이 무섭다고 했고, 아빠는 발목이 아파서 페달을 밟을 수 없다고 했다. **완전 거짓말!! 그럼 여기서 그거 말고 할 게 뭐가 있겠어?** 아빠는 지루한 역사 유적지들을 보러 가고 싶어하셨고, 엄마는 쇼핑을 가고 싶어하셨다. (당연하게도) 나는 당연히 에어컨이 있는 호텔로 돌아가고 싶었다.

"호텔 비싸지 않아요? 그럼 이용해야죠!" 부모님을 설득해보려 했지만 소용없었다.

새로운 나라에 있는 것이 사실 조금 (아니 아주 많이) 무서워서 호텔로 돌아가고 싶었던 건 절대 아니었다. 다른 얼굴들을 보고 다른 언어를 듣고, 새로운 냄새를 맡으며 세상은 정말 크고, 나는 그저 아주, 아주, 작은 일부분이라는 것을 깨달은 것 같은 기분이 들어서도 아니었다. 절대 그런 이유로 호텔에 가자고 한 건 아니다.

잔디에 누워 뜨거운 햇살을 손으로 가리면서 시원한 호텔로 돌아가고 싶다고 생각하던 그때,

"퉁!"

공원에 있던 다른 사람들은 휴대폰을 보거나 대화를 나누고 있었다. 하지만, 나는 그 소리를 들었다. 엄마, 아빠를 확인하니 우리 부모님은 여전히 휴대폰을 보고 계셨다. 엄마는 여러 가지 포즈로 셀카를 찍고 계셨고 아빠는 점심 먹을 장소를 찾고 계시는 것 같았다. 전형적인 우리 부모님의 행동이다. 아, 그리고 나에게는 두 살인 남동생, 은호가 있는데 아무 소리도 못 들었는지 평소처럼 유모차에서 자고 있었다.

난 방금 들은 소리가 어디서 난 건지 알아보려고 자리에서 일어났다. 그런데 갑자기 조금 무서운 기분이 들었다. 내가 아주 먼 나라에 와 있다는 게 확 와닿았기 때문이다. 겁이 났지만 이상하게도 그 소리가 나는 곳에 가보고 싶었다.

"멀리 가지 말고." 아빠가 폰에서 눈을 떼지 않고 나에게 말했다. **어떻게 계속 폰만 보고 있으면서도 나를 볼 수 있는 거지?**

주위를 둘러보다 나무들 근처에서 하늘로 올라가는 작은 연기를 보았다. 누군가 바비큐를 하는 중일 수도 있겠지만, 그러기엔 연기가 아주 작았다.

연기가 난 쪽으로 더 가까이 걸어가면서 엄마, 아빠의 시

야에서 벗어나고 있는 건 아닌지도 확인했다. 연기가 있는 곳에 가보니 잔디에 구멍이 뚫려 있었고, 그 사이로 연기가 나오고 있었다. 그리고 뭔가 커다란 달걀 같다고 해야 하나, 그 조각을 만지기 위해 손을 뻗었을 때,

"도와줘!!!" 하고 작게 외치는 소리가 들렸다.

누가 말을 한거지? 사람의 목소리라기보다는 만화 캐릭터 목소리처럼 아주 작고 높은 목소리였다. 왜 그런지는 잘 모르겠지만 하나는 확실했다. 나는 지금 외계인을 본 것이다!

외계인은 아주 작았다. 엄마가 항상 집 안 여기저기에 두고 다니는 골프공보다 작았다. 그런데 이 작은 외계인이 왕도마뱀에게 쫓기고 있었다. 방콕의 룸피니 공원에 대해 알아둬야 할 점이 하나있는데, 이곳은 왕도마뱀들로 가득하다는 것이다. 사람에게는 해를 끼치지 않아 관광객들은 왕도마뱀을 보기 위해 특별히 이 공원에 온다.

하지만 아주 작은 외계인들에게는 그렇지 않을 수도 있겠다. 외계인은 도넛처럼 고리 모양의 몸을 가지고 있었다. 머리 위의 작은 더듬이와 짧은 다리 그리고 그보다 더 짧은 팔을 휘저으며 달리고 있었다. 그 모습을 한 단어로 표현한다면, 귀여웠다.

"저기요!" 내가 소리쳤다. "도와드릴까요?" 왜 그런 질문

을 했는지는 모르겠지만, 놀랍게도 내 말을 알아듣고 외계인이

"이 끔찍한 생물을 어떻게 좀 해 줘!"

라고 외쳤다.

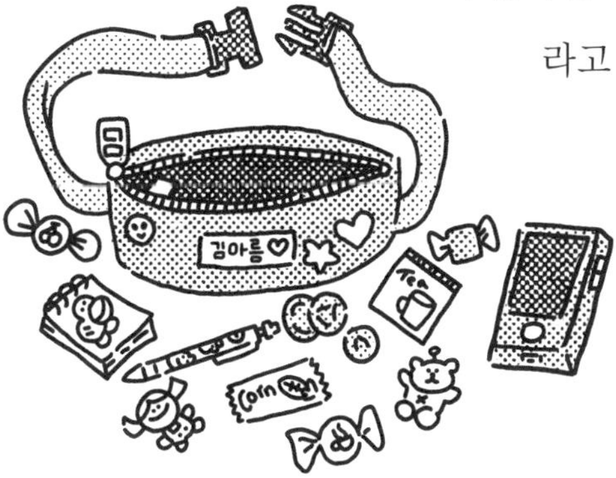

그 순간, 오늘 아침 가게에서 산 옥수수 사탕이 떠올랐다. 정말 맛있어서 이번 여행을 위해 특별히 마련한 벨트 가방 안에 태국 차맛 사탕과 함께 소중히 넣어 두었는데... 아쉬운 마음에 잠깐 망설이다가 포장지를 뜯고 도마뱀 쪽으로 사탕을 던졌다.

하지만 왕도마뱀을 쫓아내기에는 옥수수 사탕도 효과가 없었다. 왕도마뱀은 사탕을 눈치채지도 못했고, 설상가상으로 비둘기 한 마리가 급하강해 사탕을 낚아채 날아가버렸다. **그건 네 것이 아니라구!** 아까운 마음이 들었다.

"그 버튼!!" 작은 외계인이 말했다. "버튼을 눌러!"

무슨 버튼이냐고 물으려던 순간, 잔디 위에 작고 반짝이는 무언가가 보였다.

아주 아주 작은 게임기 모형처럼 생겼는데, 빨간 버튼이 하나 있었다. 아마 이걸

말한 것 같아 버튼을 눌렀다. 거대한 소리와 함께, 공원의 모든 소리가 갑자기 멈췄다. **내가 뭘 한거지?**

"고마워! 고마워!" 외계인이 기쁘게 소리쳤다. 하늘을 올려다보니 왕도마뱀이 공중에서 멈춰 있었다. 주위를 둘러봤다. 모든 것은 멈춰 있고 움직이는 건 나와 이 외계인뿐이었다. 하늘의 비둘기도 축구공을 막 차려고 하던 어린 아이도 멈춰 있었다. **내가 이렇게 만든 건가?**

"이게 어떻게 된 거야?" 나는 외계인에게 물었다. 외계인은 왕도마뱀을 피해 잔디 위에서 숨을 고르고 있었다.

"잠깐! 허억- 허억- 시간을 줘." 숨이 가득 차 있었다.

내가 다시 버튼을 누르자 모든 것이 정상으로 돌아갔다. 비둘기는 날아가고, 소년은 공을 찼다. 왕도마뱀은 빠르게 스무 걸음 정도 달린 후 주위를 둘러보더니, 천천히 덤불 속으로 걸어갔다. 외계인은 안도의 숨을 쉬었다.

외계인은 정말 작았다. 그가 바닥에 등을 대고 쓰러져서 숨을 헐떡였다. 몸을 숙이고 그를 손으로 잡아 얼굴 가까이 가져왔다.

"내가 누른 이 버튼에 대해서 설명해 줄 수 있어?" 내가 외계인을 손바닥에 올리면서 물었다.

"아아아아아아아악!" 나를 보고 놀란 외계인이 뒷걸음치다 내 손에서 떨어질 뻔했다. "왜 이렇게 거대해!!"

“너가 작은 거야. 이곳에서 난 정상 크기라구!” 나도 맞받아쳤다.

“나도 내가 사는 곳에서는 정상 크기야. 너 위험한 거야?” 외계인이 눈을 번뜩이며 물었다.

“아니 난 위험하지 않아. 자, 봐.” 내가 다른 손을 뻗어 살짝 만지려고 했는데 좋아하지 않았다. 내 손을 피해 뒤로 물러나다 내 손에서 떨어졌다. 더듬이 하나를 겨우 잡아 다시 손바닥 위로 올려 놓을 수 있었다. 내가 생각해도 멋진 캐치였다.

“아악 내 안테나가 찢어지겠어!!” 외계인이 소리쳤다.

나른 손 위에 올려 놓자, 노넛 외계인은 더듬이를 문지르며 화난 눈으로 나를 올려다봤다.

“아팠구나, 미안. 하지만 땅에 떨어뜨리고 싶지 않았어.”

“그런 이유였군.” 목소리가 좀 부드러워진 것 같았다.

“내 이름은 아름이야.”

“나는 보즈라고 해.”

“버튼에 대해 설명해 줘. 왜 너랑 나 빼고 다 멈춘 거야?”

“그건 와만자라고 하는데, 간단해.” 보즈는 내 손에서 그 게임기 같은 걸 가져가서 말을 이었다. “이 버튼을 누르면 시간이 멈춰. 아름이 네가 멈추지 않은 이유는 이 버튼을 누른 사람이기 때문이지. 나와 내 동료들은 모두 프로그램 되어있어서 영향을 받지 않고."

"동료라고?"

"응."

"저기 더 있어?" 나는 아직 연기가 피어오르고 있는 땅 속 구멍을 가리켰다. 나는 보즈를 내 손바닥 위에 올려 놓고 연기가 나는 구멍으로 다가갔다. "맙소사, 어떡하지, 다 어디로 추락한 거지. 정말 큰일 났네. 플루발루바 5호 공주님도 계셨는데! 황제 폐하가 이 사실을 알면 내 목을 자르실꺼야!" 보즈가 울먹이며 말했다.

어느 부분이 목이지? 보즈는 도넛 모양이었고 머리가 없어 보였다. 아니면 도넛 모양의 머리에 몸이 없는 건가? 보즈는 좌우를 살피더니 내 손 위에서 내려와 다리 사이로 쏜살같이 달려갔다. "어디가!!?" 나는 돌아서서 보즈를 손으로 집어 올리며 물었다.

"제발 그만 집어 올려!" 보즈가 소리쳤다. 화났을 때 모습이 정말 귀여웠다.

"보즈, 너는 작아서 막 뛰어다니면 안 돼. 왕도마뱀에게 잡아먹히거나 누군가의 슬리퍼에 밟혀서 납작해질 거야. 내가 네 친구들을 찾는 걸 도와줄게."

"너가 누군데? 난 널 알지도 못한다고!" 보즈가 눈을 찡

그리며 나를 올려다봤다.

"내 이름은 아름이야." 내가 말했다. "난 열 살이고 한국의 도시, 부산에서 왔어. 너희는 지구라는 행성에 있고, 태국이라는 나라의 방콕이라는 도시에 있어. 너희들 여기 오려고 온 거니?"

"우리 임무에 대해서는 말해줄 수 없어. 그리고 넌 나를 돕기엔 너무 커서 티가 날 것 같은데 어떻게 나를 도울 수 있다는 거야?"

"우리 가족을 소개시켜 줄게. 우리 아빠가 뭘 해야 할지 아실 거야. 그건 그렇고, 넌 어떻게 내 말을 알아들을 수 있어? 한국어를 어떻게 알아?"

"한국이? 그게 지구의 언이야?" 보즈가 물었다.

"음, 지구의 언어 중 하나지. 지금 이곳의 언어는 태국어야. 나랑 우리 가족은 여기 여행 왔어. 그럼 넌 어떤 언어든 다 할 수 있다는 거야?"

"그건 다 와만자 덕분이야." 보즈가 와만자를 들어올리며 말했다. "이 도구가 온갖 신기한 일들을 해내. 언어 번역도 그 중 하나야. 와만자가 있는 한 주변의 어떤 언어든지 자동으로 번역되어서 서로 알아들을 수 있거든."

'아 내 폰의 번역 앱 같은 거구나' 하고 생각했다. **하지만 와만자가 훨씬 멋졌다.**

우리는 엄마, 아빠 근처로 왔다. "잠깐!!" 보즈가 소리쳤다. "우주선을 여기다 두고 갈 수는 없어." 보즈는 연기가 그친 땅의 구멍을 가리키며 말했다.

보즈는 우주선 조각을 구멍에서 꺼내려 했지만, 작은 외계인의 힘으론 부족해보였다. 나는 우주선을 잡는 게 걱정이 되었지만 용기를 내어 우주선 조각을 집었다. **이렇게 조각난 우주선을 어떻게 고칠 수 있을까?**

난 우주선 조각을 벨트 가방에 챙겨 넣은 다음 오른손에 보즈를 올려놓고 말했다.

"엄마, 아빠, 내가 뭘 찾았는지 보세요! 이 외계인들이 자기 행성으로 돌아가는 데 도움이 필요해요. 우리가 도와줘요!" 보즈는 엄마와 아빠의 크기에 깜짝 놀라 얼어붙은 것 같았다.

"재밌겠다. 새로운 게임이니?" 엄마가 폰에서 고개도 돌리지 않고 대답하셨다.

"여기서 몇 블록 떨어진 곳에 맛있는 **팟타이** 집이 있어." 아빠도 여전히 휴대폰을 보며 말하셨다. 늘 그렇듯이 엄마랑 아빠는 날 보지도 않고 대답하신다. 갑자기 엄마와 아빠에게 서운한 마음이 들었다. 이 불쌍하고 작은 외계인을 도와줄 사람이 있다면 그건 나뿐이었다.

은호만 보즈에게 관심을 보였다. 은호가 두 손을 뻗더니 침을 주룩 흘렸다. 설마 하는 순간, 은호가 보즈를 낚아채서 입에 넣어 버렸다! 순식간의 일이었다.

“안 돼, 은호야!!” 나는 소리치며 은호의 입에서 보즈를 꺼냈다. 보즈는 침으로 범벅되어 있었다. 와만자도 마찬가지였다. 은호는 보즈에게 손을 뻗으며 떼를 썼다.

“은호야, 안 돼, 이건 네 것이 아니야.” 나는 최대한 부드럽게 말했지만, 은호가 알아들을 리 없었다. 더 세게 울기 시작했다.

“아가, 누가, 누가.” 하며 엄마는 은호를 안정시켰다. 폰에서 눈을 떼지 않고도, 쌀과자를 은호에게 주었다. 우리 엄마지만 이럴 땐 조금 멋시나. 내 손 위에서 보즈는 와만자를 잡고 온몸을 젖은 개처럼 털어냈다.

“이 거대한 생물이 지금 나랑 와만자를 입에 넣은 거야?? 와만자가 작동하길 망정이지, 너도 나를 먹으려고 하거나 하진 않겠지?!?!?!”

“절대 아니야. 은호는 아기라 그래. 뭐든지 입에 넣어.”

“이 기계는 아주 중요해. 동료들을 찾으려면 이게 필요하다고. 와만자는 시간을 멈출 뿐만 아니라 프로그래밍된 사람들의 위치도 확인할 수 있어. 거기다 언어 번역, 지도 역할도 하고 계산기 역할, 또 방귀가 나올 때도 알려주긴 하는데 그건 중

요하지 않고… 흠흠. 일단 동료들을 찾으려면 높은 곳에 올라가 내 데이터 지도를 이 지역과 동기화해야 해.”

“높은 곳이라면 알겠어. 부모님께 이 도시에 있는 타워 중 한 곳을 가자고 해볼게.”

“너희 부모님이라고? 절대 안 돼!! 아니면 너만 나를 도와줄 순 없어? 시간을 멈춰주는 와만자가 있으니까 너네 부모님이 알기 전에 돌아올 수 있을 거야.”

“둘이서만? 좀 무서운데…”

“알겠어… 너와 함께든 혼자서든 나는 내 동료들을 찾아야 해.” 보즈가 말했다. 그리곤 고개를 숙였다. 보즈도 겁이 나 보였다. 보즈에겐 이 낯선 행성이 내가 느끼는 크키보다 아마 20배는 더 커 보이지 않을까. 내가 다시 한 번 용기를 낼 기회였다. 나는 보즈를 돕고 싶었다.

“저기…있지…내가 도와줄게. 그런데 이렇게 시간이 멈춰 있고 우리 엄마, 아빠와 함께 하지 않는다면 어떻게 동료들을 찾을 생각이야? 방콕은 정말 크거든!”

“우선 높은 곳으로 올라가서 와만자로 신호를 받아야 해. 동료들이 어디에 있는지 확인해볼 거야.”

방금 내 말은 듣지 않은 건가?

“그러니까 어떻게 높은 곳에 가려고? 시간이 멈춰 있으면 엘리베이터도 에스컬레이터도 못 타잖아.”

"그건 방법이 있지. 다른 손을 내밀어봐." 보즈가 말했다. 나는 보즈가 시키는 대로 했다. **뭘 어떻게 하려는 걸까?**

펑! 보즈가 올라왔던 손에서 사라졌다가 다른 손에 나타났다. 아니… 에?? 오른쪽 손으로 뛰었... 아니, 뛴 게 아니었다.

"너 순간이동을 할 수 있어??" 내가 놀라 물었다.

"그럼, '점프'라는 내 능력이야. 멋지지?"

"근데 안전한 거야?" 내가 물었다.

"그럼 안전하지, 난 항상 사용하는 걸."

"순간이동…그러니까 점프를 할 수 있었다면, 왜 우주선이 필요해?" 내가 물었다.

"좋은 질문이야. 나는 내가 눈으로 볼 수 있는 곳이나 전에 가본 곳으로 점프를 할 수 있어."

"그럼 네 행성으로도 점프할 수 있어?"

"아니 안 돼. 행성 사이를 점프하면, 필요한 에너지가 너무 많아서 시공간에 금이 갈 수 있어." 나는 보즈의 말에 멍해졌다. 외계인, 순간이동… 점점 더 신기해지는 하루였다. **아무렴 어때? 잔디에 누워 지루해하는 것보다는 낫지.**

다행히 방콕에는 높은 건물들이 많았다. 우리 호텔도 그중 하나였지만, 더 높은 곳은 없는지 주위를 둘러봤다. 아, 내 폰! 엄마가 작년에 등하교길에 사용하라며 사주셨다.

나는 폰을 꺼내 '로밍 데이터'라는 알림 문자를 지운 후,

지도 앱을 열어 놓고 '높은 건물'이라고 검색해 봤다. 여기가 괜찮아 보인다.

"엄마, 저 화장실 좀 다녀올게요. 금방 올게요."

"엄마가 같이 가 줄까?"

"엄마, 내가 아기도 아니고요. 화장실은 바로 코앞이에요. 사랑해요!"

"우리도!" 엄마, 아빠가 동시에 말했다. 나는 화장실로 걸어가며 손을 흔들었다. 엄마, 아빠가 다시 폰으로 시선을 돌리시는 걸 확인했다.

"지금이야, 와만자 버튼을 눌러." 보즈가 말했다. 그러자 다시 세상 모든 것이 멈췄다. 세상이 너무 조용해서 이 모험이 두려워졌지만, 골프공보다 작은 보즈의 긴장한 표정을 보고 다시 마음을 다잡았다.

"**마하나콘 타워**로 가자. 저기 멀리 높은 건물 보여? 방콕에서 두 번째로 높은 건물이래. 올라가면 도시 전체를 볼 수 있을 거야." 내가 말하며 멀리 있는 타워를 가리켰다.

보즈가 고개를 끄덕이더니 마하나콘 타워에 집중했다. "그래, 어서 가자. 시간이 없어. 내 손을 잡아."

"잠깐!" 나는 벨트 가방에서 우주선 조각을 꺼내 은호가 누워있는 유모차 바닥에 넣었다. 가방에 자리가 있어야 외계인들을 더 넣을 수 있을 테니까 말이다.

나는 보즈의 손을 꽉 잡았다. 그때 처음 느껴보는 이상한 느낌이 들었다. 이 느낌은 뭐랄까, 롤러코스터나 바이킹을 탈 때 속이 울렁거리는 느낌이랄까? 아니다, 속이 위아래로 뒤집힌 느낌이었다. 그리고 그 느낌이 선명해지는 순간, 우리는 마하나콘 타워 꼭대기에 있었다.

마하나콘 타워

'펑' 하는 소리와 함께 우리는 순간 77층 하늘로 점프했다. 보즈는 내 손에서 바닥으로 뛰어내렸고 와만자를 보며 중얼거렸다. 나는 어지럽고 숨이 차서 주저 앉았다.

아래를 내려다봤다. "꺄!! 뭐야, 여긴 허공이잖아… 으-악!" **잠깐, 아니네.** 우리는 유리 바닥 위에 있었다. 아주 두꺼운 유리였다. 안전하긴 하겠지만, 아래가 다 보여서 너무 무서웠다. 나는 눈을 감고 천천히 유리 바닥이 아닌 곳으로 걸어갔다. 이제야 안도의 숨이 나왔다. 주변을 둘러보니 사람들이 조각상처럼 커피를 마시고 샌드위치를 먹으며 이야기를 나누던

채로 멈춰 있었다.

보즈가 기쁜 표정으로 나에게 걸어왔다. "동료들의 위치를 찾았어! 내가 아까 우주선이 네 조각으로 쪼개졌다고 했지? 나처럼 동료들 주변에서 우주선 조각들도 찾을 수 있을 거야." 보즈가 화면을 보여 주려고 했지만 너무 작아서 확인할 수 없었다.

"여기서 보여주면 어떨까?" 보즈를 내 어깨에 올리며 말했다.

"동료들은 여기, 여기, 여기에 있어." 보즈가 도시를 가리키며 말했다. 흠. 보즈가 위치를 가리켜봐도 소용이 없었다. 너무 높아서 모든 것이 얼룩처럼 보였다. 보즈가 뭘 가리키는지 전혀 알 수 없었다. 그때 여행을 오기 전 아빠가 다운 받아준 핸드폰 지도가 떠올랐다.

"내 핸드폰에 있는 지도를 보고 가야 할 곳들을 표시하는 게 어때?" 내 폰을 내밀자 보즈가 그 위로 뛰어올랐다. 보즈는 와만자와 내 폰 위를 산책하듯 걸었다.

"대충 파악됐어. 여기, 여기, 그리고 이곳 근처인 것 같아." 보즈가 지도를 가리키며 말했다. 나는 폰을 집고 다시 보즈를 어깨 위로 올려 놓았다.

"**센트럴 월드 쇼핑몰**. 여기서 제일 가까워. 그 다음엔 강 건너편에 있는 왓 아룬이라는 사원이야. 마지막 그룹은 더 멀리 있어, 사원인 것 같은데 아마 이곳일 거야."

"왓 프라 체투… 체투프… 치타…" 이름을 읽어보려고 했지만 포기했다. "쇼핑몰이 가장 가까우니까 거기부터 갈까? 곧 너희 동료들을 만날 수 있을 거야. 내가 약속할게." 의자에 앉아 웃으며 말했다.

보즈는 대답 대신 혀를 내밀었다.

"난 너희를 도와주고 싶은 거라고!" 메롱을 하다니… 놀라기도 했지만 속상했다.

"왜 그래. 아름아? 아~~ 우리가 온 곳에서는 혀를 내미는 건 '잘했어' 또는 '훌륭해'라는 뜻이야."

"아, 이런 것처럼?" 나는 엄지손가락을 치켜세우며 대답했다.

"뭐어어? 엉덩이???" 보즈가 내 따봉을 보며 소스라쳤다.

"아니! 따봉의 의미는 훌륭하다는 뜻이야."

"그렇구나, 우리는 서로 정말 다른 문화에서 왔네. 이제 가야 해. 준비됐어?"

난 사실 준비가 안 됐지만, 찾아야 할 외계인과 우주선 조각들이 있었다. 다시 밖으로 나가서 보즈가 쇼핑몰을 볼 수 있는 시야를 확보했다. 너무 높은 곳에 있어서 어디로 점프를 하는지 예측하기 어려웠다.

"저긴 어때? 저기 간판이 보여, C…E…N… 저기로 가자."

"좋아, 꽉 잡아." 보즈가 멀리 있는 간판에 집중하며 말했다. 나는 어깨에서 보즈를 내려 손으로 꽉 쥐었다.

"으악!" 보즈가 소리치며 내 손가락을 밀어냈다.

"미안."

"괜찮아. 이제 간다. 너무 꽉 잡지 말고."

그리고 우린 사라졌다.

3

센트럴 월드

우리는 쇼핑몰 밖으로 이동해 있었다. 가족들과 젊은 커플들이 거대한 쇼핑몰을 드나드는 모습 그대로 멈춰 있었다.

"봐!" 나는 땅에서 뭔가를 집어 들며 말했다. "이것도 너희 우주선 조각이야?" 그건 내가 처음 본 조각과 같이 반짝거렸다.

“맞아, 불쌍한 내 우주선! 다시 조립할 수 있어야 할텐데… 나 대신 챙겨줘. 다 찾은 다음 수리해 봐야겠다.”

“음, 여기 우주선 조각이 있다는 건, 동료 중 누군가는 분명히 여기 근처에 떨어졌다는 거 아닐까?” 나는 떨어진 우주선 조각을 벨트 가방에 넣으며 말했다.

나는 외계인들을 찾기 위해 쇼핑몰을 둘러봤다. 전통 비단과 스카프들이 많이 있었다. 나는 엄마랑 쇼핑하는 걸 좋아하는데, 이건 분명 엄마가 좋아할 만한 것들이었다. 이따가 엄마랑 이곳에 함께 와야겠다 생각했다.

그런데 찾아야 할 외계인들은 보이지 않았다. “정말 여기 있는 게 맞아?” 와만자를 들고 있는 보즈에게 물었다.

“내 생각엔 이 건물 꼭대기에 있을 것 같아.” 보즈가 답했다.

“어떻게 올라가려고? 에스컬레이터가 안 움직이는데.”

“점프해서 가야지.”

“꼭 그래야 해? 난 아직 좀 배가 아픈데.”

“미안, 이 방법 말곤 없네. 어서 가자.” 난 고개를 끄덕였다.

순식간에 우리는 점프했다.

우리는 외계인의 흔적을 찾기 위해 주위를 둘러봤다. 특별한 건 보이지 않았다. 친구나 가족들과 함께 시간을 보내다 멈춘 사람들뿐이었다.

“저기 있는 것 같아. 뭐가 보여?” 보즈가 말했다.

보즈는 태국 음식점을 가리키고 있었다. 난 메뉴판에 맛있는 쌀과 면요리 사진들이 먼저 보였다.

“아무것도 없는 것 같은데?”

“잘 봐 봐.”

식당 안을 살펴보니, 테이블 위에 음식은 없고 많은 사람들이 배고파하는 모습이었다. 어떤 사람은 화가 나 보이기도 했다. 당황한 웨이터도 보였다.

주방에서 나온 웨이터 한 명의 얼굴은 빨갛고 당황스러운 표정이었다. 주방문이 멈춘 채 서 있었는데, 그 뒤를 살펴보니 둥그런 무언가가 움직이는 것 같았다.

“저기서 뭔가 움직였어. 봐!!”

“좋았어!!” 보즈가 소리쳤다.

조금 열린 주방문 사이로 보이는 광경은 엉망이었다. 보즈와 함께 주방을 들어가 보니 요리사들이 충격과 공포의 다양한 표정으로 멈춰 있었다. 그중 한 명은 거대한 쌀 포대를 쏟았고, 다른 한 명은 타오르는 불꽃을 진압중이었다. 또 다른 요리사는 그린 커리가 든 그릇을 바닥에 쏟기 직전의 모습이었다. 시간이 다시 시작되면 주방 바닥은 그린 커리로 뒤덮일 것이다. 놀란 요리사들의 표정을 뒤로 하고 움직임을 찾았지만, 더 이상 찾을 수 없었다.

"너희 동료들 말이야. 말썽꾸러기야?"

"아마 디디 공주님의 사촌들일거야. 걔넨 어딜 가든 난리가 나지."

"디디 공주님의 사촌?"

"응 맞아. 디디 공주님은 어디를 가시든 그 사촌들과 함께 하는 걸 좋아하셔. 그래서 여기도 같이 오게 됐지. 아직 어리고, 말썽꾸러기에 손이 많이 가긴 하지만…" 보즈가 한숨을 쉬며 말했다.

"아까, 분명 파란색 뭔가를 봤는데, 지금은 보이지 않고 인기척도 없어."

"파란색이라면 딩인데… 문제를 일으키고 싶진 않겠지만 사촌들은 음식을 좋아해. 아마 음식 냄새를 따라 왔을 거야. 테이블에 있는 손님들이 식사를 못한 걸 보니, 한동안 말썽을 피운 듯해."

"와만자로 확인해 보자. 아직 여기 있을 수도 있잖아."

보즈는 찡그린 얼굴로 와만자를 확인했다. "흠… 신호가 좀 느리게 잡히는 건가…. 우리가 찾고 있는 걸 알고 도망갔나 봐."

그 순간 발에 뭔가가 밟혔다. 그건 바로 끈적끈적한 밥이었다. 나는 바닥을 다시 살펴봤다. 몇 걸음 떨어진 곳에 또 다른 밥덩이가 있었고, 그 뒤에도 또 하나 있었다.

나는 밥덩이 흔적을 따라갔다. 그리 길지 않았다. 밥덩이가 점점 작아져서 밥풀이 세 개, 두 개, 한 개 이렇게 줄어들었다.

이게 뭐지? 내가 밥덩이를 따라가며 소리쳤다. "바닥에 있는 밥덩이 보이지? 이거 딩의 흔적 아니야?"

주변을 둘러봤지만, 파란색은 보이지 않았다.

"찾았어!" 보즈가 소리쳤다.

"어디??"

그는 와만자를 가리키며 "건물을 지나서, 북쪽으로 가고 있어."

"가자, 준비됐어?"

"점프하면 속이 너무 안 좋은데…"

우리는 순간 센트럴 월드 쇼핑몰 밖으로 이동해 있었다. 아까 전망대에서 봤던 곳이다. 그걸 기억하고 있다니. 역시 조종사다웠다.

보즈는 계속 추적기를 확인했다. "시간이 멈췄는데 어떻게 작동해?" 나는 벨트 가방 속 폰을 생각하며 물었다.

"우리 기술은 너희 행성의 시간과는 상관 없으니까. 여기서 몇 블록 떨어진 곳이야. 몇 번 더 점프하면 도착할 거야."

"점프는 이제 그만! 좀 걸을 수 있을까? 가깝다면서."

보즈가 동의했다. 우리는 딩을 향해 걷기 시작했다. 몇 블록을 걷고 나니 땀으로 온몸이 끈적끈적해졌다. 내 어깨에 앉이 있던 보즈도 미찬가지였다.

목이 말랐다. "딩이 가까이 있다고 하지 않았어?" 숨을 몰아쉬며 물었다. 한국도 참 덥다고 생각했는데 태국도 만만치 않았다.

열심히 걷다가 맛있어 보이는 음료를 파는 가판대를 봤다. 어제 먹어본 태국식 차도 있었다. 한국에서 엄마가 쇼핑할 때 가끔 사주시던 버블티와 맛은 비슷했지만, 태국식 차는 더 달고 약간 매콤했다. 아빠가 단맛은 연유 때문이고 매콤한 맛은 계피와 카다몬 그리고 내가 들어본 적 없는 다른 향신료 때문이라고 설명해주셨었다. 정말 맛있었는데, 지금은 먹을 수가 없었다. 시간을 멈춰 뒀는데 음료 때문에 다시 시간을 흐르게 할 수도 없고….

그때, 물병들이 진열되어 있는 게 보였다. 진열된 물병 옆에는 태국어와 영어로 쓰여 있었다.

"프리 워터 포 햇 데이… 햇 데이가 뭐야? 아! 햇 데이가 아니라 핫 데이구나!" 감사한 마음으로 물을 집었다. 물은 차가웠다.

"근데, 시간이 멈춰 있어도 이렇게 물건을 잡을 수 있는 건가? 그대로 있어야 하는 거 아니야?"

"네가 만지는 건 뭐든 움직이기 시작해. 그래서 아무나 부딪치지 않도록 조심해야 해, 닿으면 그들도 움직이기 시작하니까."

'무료'라고 써있지만, 말을 하고 마시는 건 아니였기 때문에, 정지해 있는 아저씨에게 감사한 마음을 담아 고개 깊이 숙여 인사했다. 그리곤, 물병을 열어 천천히 마시며 다시 걷기 시작했다. 보즈도 한 모금 마셨다. 보즈에게는 물병이 거대해 보여서 웃음이 났다. 두 블록을 더 걸으니 보즈가 멈추라고 했다. **도착했나? 여기가 어디지?** 건물 밖 간판에 **짐 톰슨 하우스** 라고 적혀 있었다.

"딩은 여기 있어." 보즈가 말했다.

짐 톰슨이 누굴까? 궁금한 건 일단 뒤로하고 딩을 찾아야 했다.

짐 톰슨 하우스

보즈가 와만자를 확인하는 동안 나는 간판을 다시 읽어 봤다. “짐 톰슨…미국인, 미술 수집가” 아마도 박물관인 것 같았다. 계속 읽어보니 ‘태국 실크 왕’으로도 불렀다고 한다. 실크라면 엄마가 정말 좋아하실 것 같았다.

집은 나무로 만들어졌고, 지붕은 가파르게 기울었으며 집 둘레는 야자수로 둘러싸여 있었다. 멋진 건물이었다.

“딩은 분명히 저기 있어.” 보즈가 말했다. “그리고 움직임이 멈춘 걸로 봐서 우리한테서 숨은 것 같아. 조용히 움직이자.”

우리는 천천히 조심스럽게 집 안으로 들어갔다. 안은 좀

어둡고 답답했지만, 많은 그림과 조각상들이 있었다.

모든 방을 둘러보았다. 보면 볼수록 이곳이 좋아졌다. 박물관이라기보다는 정말 멋진 집 같았다. 여기 살고 있다는 상상을 해봤다. <유니콘팡>의 모든 에피소드가 있는 거대한 TV만 있다면 정말 완벽한 공간이었다.

나는 각 방의 물건들을 자세히 살피며 딩이 움직인 흔적들을 찾았다.

"들었어?"

"뭘?"

나는 가만히 서서 소리에 집중했다. 또 들렸다.

이건 코고는 소리다!

“이쪽이야!” 나는 조용히 말하고 방에 멈춰 있는 관광객들 사이를 지나갔다.

소리가 나는 곳은 기념품 가게였다.

“후우우웅크… 슈… 슈… 슈… 슈…!”

조심조심 기념품 가게 안으로 들어가 다양한 색깔과 무늬의 실크 더미 아래를 살펴보았다. 실크 아래 자고 있는 것은 골프공보다 작은 둥근 모양의 외계인, 딩이었다.

이렇게 작은 생명체가 큰소리를 내며 자고 있다니, 너무 귀엽다는 생각이 들었다.

“뛰어다니느라 지쳐서 잠든 것 같아.” 보즈가 잠든 딩을 보며 말했다.

“깨울까?”

“안 돼!” 보즈가 정색을 했다. “조심히 집어서 가방에 넣어. 딩이 또 말썽을 피울 수도 있으니까. 자고 있다는 건 우리에게 좋은 일이야.”

손을 뻗어 작은 딩을 감쌌다. 조금 꿈틀거렸지만 깨지 않았다. 벨트 가방을 열고 조심스럽게 안에 넣었다. 물병 때문에

공간이 많이 없었지만 다행히 딩은 아주 작았다. 지퍼를 닫고 크게 안도의 숨을 쉬었다. 휴!

"잘했어, 이제 다른 사촌들, 동과 댕을 찾아야 해."

딩, 동, 댕이라고? 진짜?

"와만자가 신호를 잡고 있어, 여기서 나가자."

밝은 햇살 아래에서 보즈는 와만자를 확인했다. "신호 두 개가 보여. 동과 댕이 함께 있을 수도 있겠어."

"어디?"

"확실치는 않지만 우리가 걸어온 쇼핑몰보다 더 멀어."

"그럼, 점프를 해야 하나?!"

"응! 다만 내가 보이는 곳까지만 점프할 수 있으니까… 스무 걸음마다 점프하면 되겠다."

"거기까지 대충 몇 걸음이나 될까?"

"약 2,500걸음쯤 되지 않을까? 그렇다면 약 125번 이동하면 돼. 준비됐어?"

"아니!!" 그랬다가는 토할지도 모른다. 나는 다른 방법을 찾아보려 사방을 둘러봤다.

"높은 곳으로 점프해서 동, 댕의 위치를 어느 정도 파악한 다음 다시 점프해도 돼. 아까 했던 것처럼." 보즈가 말했다.

그것도 괜찮은 방법 같았지만, 나는 이미 다른 해결책을 찾았다. 짐 톰슨 하우스의 입구쪽으로 걸어가 방콕 관광 지도를 집어 들었다.

한쪽에는 도시 지도가, 다른 쪽에는 모든 주요 관광지 사진들이 있었다.

"이 지도에서 동과 댕이 어디 있는지 찾을 수 있겠어?"

보즈는 와만자와 지도를 비교했다.

"우와, 이런 게 있어? 어디 보자. 어디 보자… 여기인 것 같아!"

"프라투남 야시장." 나는 그곳의 이름을 읽으며 말했다. 지도를 뒤집어서 시장 사진을 가리키며 말했다. "볼 수 있는 곳으로 점프할 수 있다고 했지? 그럼 사진으로도 가능해?"

"가능할 것 같아." 보즈가 말했다. "하지만 더 집중해야 할 거야. 잠깐만." 나는 보즈를 어깨에서 내려 손바닥 위에 올려 주었다. 보즈는 사진을 보고, 눈을 감으며 깊은 숨을 쉬었다.

"좋아, 준비됐어?" 보즈는 여전히 눈을 감은 채로 말했다.

"응."

그렇게 우리는 다시 점프를 했다.

5

프라투남 야시장

'야시장'이라고 불리는 곳이지만, 한낮에도 사람들로 붐비고 있었다. 많은 사람들, 다양한 불빛들, 맛있는 음식 냄새가 가득했다. 한국의 시장과도 비슷했지만, 훨씬 더 크게 느껴졌다. "이 냄새는 음식 냄샌가?" 보즈가 킁킁 냄새를 맡으며 말했다.

"응, 태국 길거리 음식들 냄새야." 음식 냄새를 맡으니 배에서 꼬르륵 소리가 나기 시작했다. "이 냄새가 나는 곳을 따라가자. 거기 동, 댕이 있을 거야. 먹는 걸 좋아하거든." 보즈가 말했다.

우리는 맛있는 냄새를 따라 거리를 걸어갔다. 달콤하면서

健康
喜

도 매콤한 냄새와 함께 고기 냄새, 그리고 조금 톡 쏘는 독특한 냄새도 났다.

냄새를 맡은 건 우리뿐만이 아니었다. 벨트 가방에서 움직임이 느껴졌다. 딩이 깼는지 고무공처럼 통통 튀고 있었다.

"딩이 깼어!"

"우리에겐 토토가 필요해. 토토는 디디의 시녀인데 흥분한 딩, 동, 댕을 진정시켜 줄 거야. 토토 없이 우리끼리 딩, 동, 댕을 보살피기는 어려워."

어렵다는 말이 맞았다. 딩이 마치 탈출하려는 것처럼 위아래로 뛰고 있었다. 벨트 가방에 손을 대고 눌러봤다. **와 진짜 힘이 세다!**

음식 냄새에 가까워질수록 무슨 소리가 들리기 시작했다.

모퉁이를 돌자 맛있어 보이는 길거리 음식 가게들이 줄지어 있었다. 아빠가 보여줬던 돼지고기 꼬치(**무핑**), 태국식 치킨(**가이 톳 핫야이**), 코코넛 밀크 케이크(**카놈 크록**), 바나나 튀김(**클루아이 톳**)이 가게마다 예쁘게 진열되어 있었다. 작은 봉지에 담은 밥을 파는 가게도 있었다. **나중에 꼭 다 먹어봐야지!**

다양한 음식들을 살펴보던 중 작고 통통 튀는 두 개의 무언가가 테이블에서 테이블로 뛰어다니고 있었다. 하나는 두 개의 안테나가 있었고, 다른 하나는 줄었다가 늘었다 하는 팔과 다리가 있었다. 그들은 깔깔거리면서 음식을 맛보고 있었다.

"동! 댕!" 보즈가 외쳤다. "지금 당장 그만!" 보즈의 목소리를 들은 동과 댕은, 입을 벌린 채 놀란 표정을 지었다. 애들 입에서 음식이 떨어졌다. 서로 쳐다보더니 어깨를 으쓱거리고는 다시 음식을 먹기 시작했다.

"잡아!" 보즈가 말했다. 나도 잡아보려고 했지만, 워낙 빠르게 움직여서 잡기 어려웠다.

두 사촌을 빨리 잡지 않으면, 멈춰 있는 사람들의 접시에 음식이 하나도 남아 있지 않을 것 같았다.

"어디 갔어?"

"저기!" 보즈가 외쳤다. 테이블 아래로 뛰어들어가는 노란색과 초록색 모습이 살짝 보였다. 나는 몸을 낮추고 그들에게 살금살금 다가가는 방법을 써보기로 했다.

보즈에게 귓속말로 얘기하고, 보즈를 어깨에서 내린 뒤 사촌들이 숨어있는 테이블 위에 우선 올려주었다.

그리고 살며시 테이블보 아래를 내려다봤다. 두 사촌이 테이블 다리 뒤에 숨어서 다른 쪽을 바라보고 있었다. "지금이야!" 라고 신호를 보내자 보즈가 테이블에서 뛰어내려 사촌들 앞에 착지했다. 놀라서 돌아서다 내가 벌리고 있던 손안으로 뛰어들었다. 나는 꿈틀거리는 두 외계인을 꽉 잡을 수 있었다.

"우리가 해냈어, 보즈!" 나는 바닥에 누워서 동과 댕을 꽉 잡으며 외쳤다. "이리 와서 내 가방 좀 열어줘!"

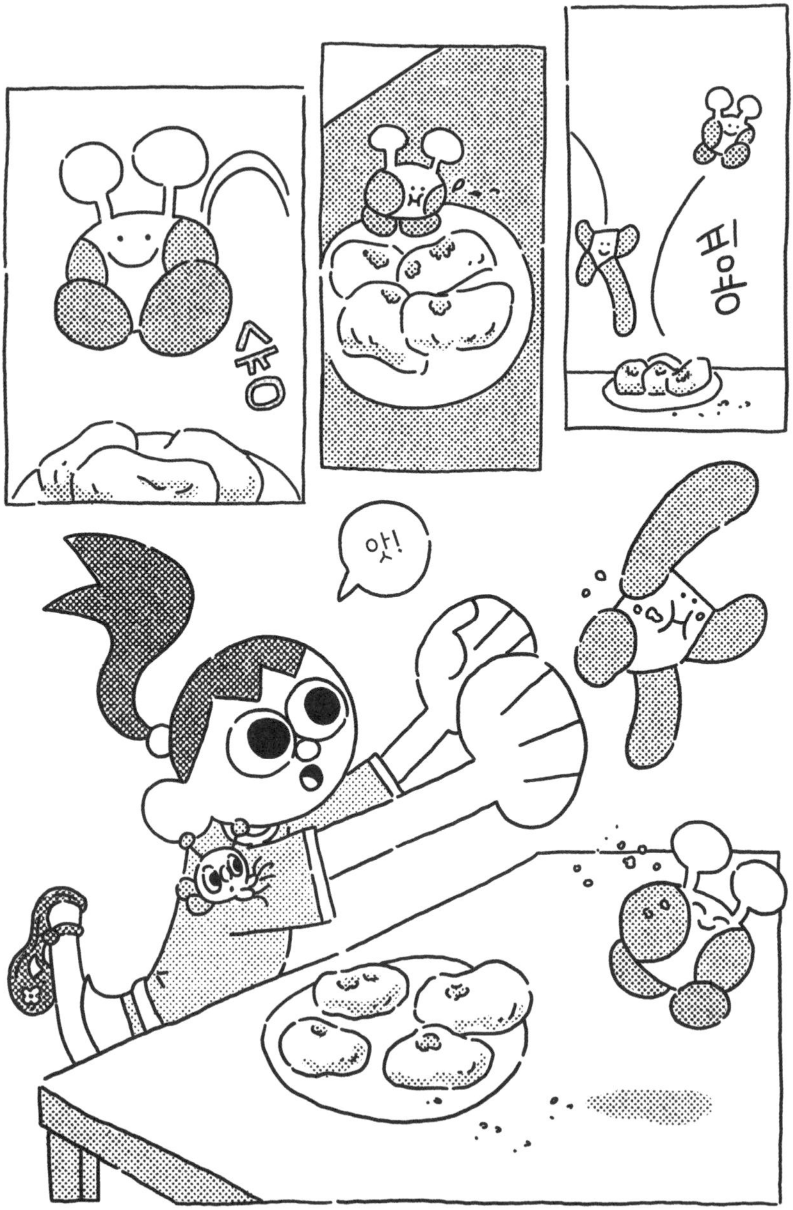
슝
피융
앗!

보즈가 달려와 내 다리를 타고 벨트 가방에 도착해 작은 두 손으로 지퍼를 잡았다. 그 사이에 동이나 댕 중 하나가 내 왼손에서 거의 빠져나갈 뻔했다.

"아야! 동인지 댕인지가 날 물었어!" 나는 소리쳤다.

"지금이야!" 보즈가 소리치며 지퍼를 열고 바닥에 떨어졌다. 다행히 지퍼는 아주 조금 열려있었고 덕분에 딩은 빠져나갈 수 없었다.

왼손으로 지퍼를 조금 더 열어서 오른손으로는 딩이 가방 안에서 뛰지 못하게 가방을 누른 채, 최대한 빠르게 동과 댕을 가방 안에 넣고, 지퍼를 닫았다. **휴!** 셋이 가방 안에서 통통 튀었지만, 지퍼는 튼튼하게 버텨주었다.

민지를 딛고 테이블 아래에서 일어서다 **쾅!** 하고 테이블 바닥에 머리를 세게 부딪쳤다. **아야!**

머리를 문지르며 조심스럽게 일어나 보즈를 다시 어깨에 올려놓았다.

나는 사람들 접시에 있는 반쯤 먹은 음식들을 보니 걱정되었다. "정말 엉망이네." 사람들이 너무 화내지 않았으면 좋겠다고 생각했다.

딩, 동, 댕은 여전히 내 가방 안에서 사정없이 뛰었다. "얘들이 언제 조용해질까?"

"음식 때문일 거야. 여기서 빨리 나가야 해." 보즈가 말했다.

"어디로?"

"상관없어. 여기는 어때?" 하고 지도에서 가리키며 말했다.

"팍 클롱 탈랏."

"그게 뭔데??"

지도를 뒤집어 이름을 찾아보니 점프에 도움이 될 만한 사진이 있었다.

"꽃 시장인 것 같아."

"꽃이 뭔데? 먹는 거야?" 보즈가 물었다. 나는 머리를 저었다. "그렇다면 좋아, 어서 가자!"

보즈는 눈을 감고 사진의 장면을 머릿속으로 그렸다.

6

팍 클롱 탈랏 꽃 시장

새로운 장소에 도착하자 이곳의 모습과 향기에 사로잡혔다. 꽃 시장에는 모든 색의 꽃들이 가득했다. 세상에서 가장 멋진 향기를 맡는 기분이었다. 딩, 동, 댕은 가방 안에서 좀 잠잠해졌다.

주변을 둘러보니 난초가 정말 많았다. 난초는 엄마가 제일 좋아하는 꽃이다. **모든 외계인들을 구하고 나면 가족과 함께 와야지.** 내 생각과 달리 방콕에는 정말 재미있는 장소가 많은 것 같다.

이제는 움직임이 없어진 가방을 보니 괜히 미안한 마음이 들었다. "가방을 열어 보려고." 와만자를 보고 있는 보즈에게 말하며 지퍼를 열었다.

"잠깐! 정말?" 보즈는 눈을 감고 와만자로 얼굴을 가렸다. 딩, 동, 댕들이 갑자기 튀어나올까 봐 걱정하는 것 같았다. 팝콘이 다 터지기 전에 봉지를 열면 팝콘이 사방으로 튀는 것처럼 말이다. 우리의 예상과 달리 딩, 동, 댕은 전혀 움직이지 않았다. 가방 안을 들여다보니 겁에 질려 있었다. 배가 부르니 이제야 거대한 내가 보이기 시작한 것이다. 얼마나 무서웠을까.

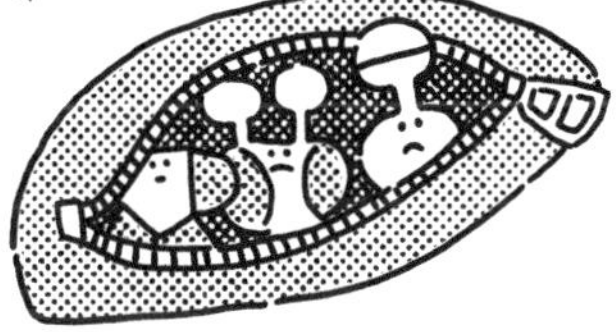

"괜찮아, 이 사람은 친구야." 보즈가 말했다.

사촌들이 기운을 차리며 가방에서 나왔다. 나는 손가락을 펼쳐 그들에게 내밀었다. 그들은 수줍은 강아지처럼 내 손가락 냄새를 맡았다.

"크다."

"맞아, 댕! 크긴 하지만 위험하지 않아." 보즈가 따뜻한 목소리로 말했다.

동은 안테나가 두 개 있는 아이고, 댕은 안테나가 없군.

"디디 누나는 어디 있어요?"

"디디 누나는…" 보즈는 말하다 멈췄다. 뭐라고 설명해야 할지 모르는 것 같았다.

"내가 디디 누나를 찾게 도와줄게."

"큰 얼굴 누나가요?"

뭐라고 큰 얼굴?? 발끈했지만 귀여운 모습에 "응." 하고 웃었다.

딩, 동, 댕이 가방에서 나와 내 손가락 위에 올라섰다. 나는 놀라지 않게 천천히 내 얼굴 가까이 들어올렸다. 한 30밀리미터 정도로 아주 작은 외계인이었다.

이 작은 아기들이 자신들의 행성에서 수백만 킬로미터 떨어진 곳에 있다니… 나는 보호해 주고 싶은 마음이 들었다.

하지만 그런 마음이 생기기가 무섭게 서로를 바라보더니, '안 돼'라는 소리를 내기도 전에 내 손가락에서 꽃 더미 속으로 뛰어들었다. 순식간의 일이었다.

"딩, 동, 댕!" 보즈와 내가 동시에 소리쳤다.

"저기!" 보즈가 움직이는 꽃 더미를 가리키며 대답했다. 시간이 멈춰 있어서 쉽게 찾

을 수 있었다. 손을 뻗어서 꽃잎들과 꿈틀거리는 외계인들을 한 움큼 집었다.

사촌들은 꽃을 먹고 있었다. 그 모습을 보고, 우리 엄마의 레이저 눈빛이 내 눈에서도 발사되었다.

"너희들을 내 어깨에 올려놓을 거야, 알겠지? 거기서 얌전히 앉아있어. 안 그러면 다시 여기 들어간다." 나는 딩, 동, 댕에게 강하게 말하며 벨트 가방을 가리켰다.

"알겠어?" 내가 엄마처럼 말하자, 그들은 서로를 바라보다 나를 다시 보고 고개를 끄덕였다. 나는 그들을 오른쪽 어깨에 올려놓았다. 나라도 벨트 가방으로 들어가고 싶지는 않을 것 같았다.

"잘했어." 보즈가 나를 칭찬했다. "여기 계속 있을 수는 없어. 어디를 가든 이 말썽꾸러기들이 뭔가를 먹으려고 할 거야."

좋은 생각이 떠올랐다. 배고픈 외계인들에게 음식을 주는 게 좋겠다는 생각이 들었다.

"보즈, 딩, 동, 댕이 음식을 만들 수 있는 능력이 있다고 했지?"

"맞아, 그렇지만…"

"이거 만들 수 있어?" 내가 태국식 차 포스터를 가리키며 물었다.

"만들 수 있어! 만들어 줘? 큰 얼굴 누나? 큰 거?"

"아니 내 말은, 여기 있는 포스터 사진처럼 아주 크지 않아도 돼." 손으로 음료 크기를 보여줬다.

보즈가 "시간이 없는데…" 라고 말했지만, 꼭 보고 싶었다.

딩, 동, 댕이 손을 잡고 원을 그리며 돌기 시작했다. 처음에는 천천히, 그 다음에는 빠르게. 정말 빠르게. 나는 뒤로 물러났다.

딩의 안테나 하나가 하얗게 빛나고, 동의 볼이 햄스터가 먹이를 볼에 가득 넣은 것처럼 빵빵하게 부풀어 올랐다. 댕의 팔과 다리가 점점 길어지기 시작했다. **무슨 일이 일어나는 거지!?**

갑자기 번쩍하는 빛이 나더니, 사촌들이 돌고 있던 바로 그 자리에 진짜 태국식 차가 나타났다. 딩, 동, 댕은 서로 손을 놓고 뒤로 넘어지며 깔깔 웃었다.

"어떻게 한 거지?" 정말 신기했다. 같은 색, 같은 종류의 얼음, 같은 빨대. 포스터 그림과 비교해 봐도 똑같았다. 조심스럽게 태국식 차를 한 모금 맛봤다.

맛이 전혀 없었다. 마이너스 맛이랄까? 오히려 물이 세상에서 가장 맛있는 음료처럼 느껴질 정도였다.

"이게 뭐야?" 나는 실망한 목소리로 말했다.

"얘들은 맛이 뭔지 몰라." 보즈가 웃으며 말했다. "맛을 지어내야 하거든. 이번에는 아예 맛을 안 넣었나 보네."

"음료 맛있어?" 동이 물었다.

"음… 맛을 추가해야 할 것 같아. 이 방법은 어때?" 나는 벨트 가방에서 태국식 차맛 사탕을 꺼내 딩, 동, 댕에게 조금씩 맛보게 했다.

"보자, 보자…" 딩이 곰곰이 생각하더니 동과 댕의 손을 잡고 다시 만들어 보기로 했다. 딩, 동, 댕은 음료 주변을 빙빙 돌더니 펑! 하는 소리와 함께 음료를 다시 완성했다.

"와! 진짜 맛있다!!! 진짜 사탕 맛 그대로야!!" 나는 보즈에게도 권했다.

"음, 목이 좀 마르긴 했어." 나는 보즈가 마실 수 있게 빨대를 어깨 쪽으로 올려주었다. 두 손으로 빨대를 잡고 마시려고 했으나 보즈의 작은 숨으로는 차를 빨아들일 수 없을 것 같았다. 숨을 들이쉴 때 차가 빨대 안에서 아주 조금만 올라가다가 숨을 내쉴 때 다시 떨어지곤 했다.

보즈를 위해 조심스럽게 컵을 기울여 주었다. "와! 맛있다. 뜨거운 글람봄바 주스보다 더 맛있어."

'글람봄바 주스라니 신기한 이름이네' 딩, 동, 댕도 음료를 맛있게 먹었다. 나는 딩, 동, 댕을 다시 어깨에 앉히고 보즈에게 다음 행선지를 물었다.

"**왓 아룬**이라는 곳에 가보자." 보즈가 답했다.

나는 지도를 뒤집어서 왓 아룬 그림을 찾았다.

"딩, 동, 댕, 준비됐어?" 애들에게 물었지만 신나게 배를 채운 셋은 이미 잠들어 있었다. 나는 어깨에서 조심스럽게 애들을 내려서 가방에 넣었다. 가방 안을 싫어하는 건 알지만, 혹시나 점프할 때 떨어질 수 있으니까.

"여기 왓 아룬 사진이야." 나는 보즈에게 지도를 보여주며 말했다.

“그럼 출발한다!”

“잠깐!” 나는 다 마신 컵을 쓰레기통에 넣었다. 휴!

그렇게 우리는 또 ‘뿅’하고 사라졌다.

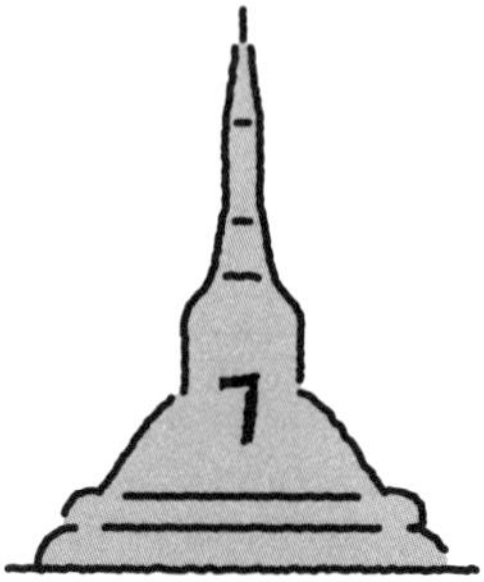

왓 아룬

지붕이 있는 꽃 시장 안에 있다가 밖으로 나오니, 햇빛이 너무 밝아서 앞이 잘 보이지 않았다. 빛에 적응하는 데 시간이 걸렸다. 우리는 강 바로 옆에 서 있었다. 오른쪽으로 몇 미터만 더 갔다면 강으로 빠졌을지도 모르겠다.

"아슬아슬했네." 보즈가 강물을 보며 혼잣말을 했다. 물 위에는 승객들을 태우고 강을 따라 내려가던 배가 멈춰 있는 걸 봤는데 재미있어 보였다. 물 위의 택시라고 해야 할까? **'나중에 아빠한테 타자고 해야지'** 하고 생각했다.

"어디로 가면 돼, 보즈? 보즈?" 보즈는 먼 곳을 응시하고

있었는데 조금 슬퍼 보였다. 난 보즈를 손바닥에 올려놓고 괜찮은지 물었다.

"아, 미안. 그냥… 너희 행성이 참 예쁘다는 생각이 들었어. 우리 행성 아니, 행성들이 생각나."

"행성들이라고?"

"음, 이번에 함께 지구에 추락한 내 동료들은 플루발루바 5호와는 같은 태양계지만 질락스, 지프, 포박이라는 다른 행성 출신이야. 오래 전부터 전쟁이 있었는데 뭐 때문에 싸웠는지 기억이 안 나. 오랫동안 싸워서 왜 시작했는지도 잊어버렸거든. 그 행성들은 다 파괴되고, 결국 플루발루바 5호만 남았지. 우리 태양계에 살아남은 생명체들이 다 거기 살고 있어. 플루발루바 5호도 곳곳에 연기가 나는 폐허야. 우리 별에도 너희 행성처럼 아름다운 것들이 많았어. 멋진 기념품들, 우리를 위한 예술 작품들. 그냥 아름답기 위해서 만든 것들 말이야. 그런데 나중엔 전쟁을 위한 것들만 만들게 되었지. 이제는 모든 게 차갑고 텅 비어 있달까. 그래서 난 너희 행성이 맘에 들어. 여기 사는 사람들도 행복해 보이고."

나는 보즈의 말을 듣고 무슨 말로 위로를 해야 할지 몰랐다. 보즈의 어깨에 손을 올려 주고 싶었지만 너무 작아 어깨라고 할 만한 것도 없었다. 대신 두 개의 작은 더듬이 사이를 쓰다듬어 주었다.

"간지러워!"

"너의 행성이 겪은 일이 안타까워 보즈."

"고마워, 여긴 모든 것이 다 커서 좀 무섭긴 하지만 좋은 곳 같아. 특히 네가 준 차는 정말 맛있었어."

"그랬다니 다행이다. 어서 친구들을 찾고 너희 행성으로 돌아가기 전에 한 번 더 맛 볼 수 있다면 좋겠다."

"물론. 행성으로 돌아가야지." 보즈는 또 먼 곳을 응시하며 말했다. **돌아가고 싶지 않은 걸까?** 여기 있기엔 너무 위험한데, 하지만 보즈의 행성 이야기는 끔찍하게 들렸다.

"자! 할 일이 있어! 정신 차려, 병사!" 보즈가 갑자기 소리치더니 똑바로 일어나 모든 슬픔을 털어내는 듯 씩씩하게 말했다. 보즈가 내 손에서 뛰어내려 팔을 디고 이께로 다시 올라왔다.

"계속하자!"

보즈는 다른 외계인 동료들의 신호가 있는지 사원을 살폈다. "저 위쪽에서 신호가 와!" 보즈가 가장 높은 탑을 가리키며 말했다.

잠깐만, 탑을 자세히 보니 사람들이 탑을 기어오르고 있었다! 사방에 계단이 있었고, 정말 가파르게 보였다. 난간과 같은 안전장치는 없었다. **설마 저 위로 올라가야 하는 거야?**

탑에 조금 더 가까이 다가가자 조금 독특한 타일이 눈에 들어왔다. 깨진 도자기 조각들이 예쁘게 탑을 장식하고 있었고, 원숭이들이 탑 아래를 힘껏 들어올리고 있었다!

우와, 멋진데? 올라가면서도 다양한 색깔의 도자기 조각을 살펴봤다. 덕분에 탑의 거의 꼭대기까지 올라올 수 있었다.

여기엔 사람이 없었다. 대부분의 관광객들은 몇 층 아래에서 멈춰 있었다. 예전의 나였다면 나도 그랬을지도 모른다. 마지막 계단에서, 나는 살짝 비틀거리다가 멈춰 섰다. 양손을 허리에 올린 채 땅을 내려다봤다. 순간, 세상이 빙빙 돌기 시작해서 타일을 꽉 잡았다. 깊게 숨을 쉬고 손을 놨다.

"저기!" 보즈가 말했다. 나는 비둘기 떼가 탑의 한 부분에

몰려있는 것을 보았다. 그중 하나는 똥을 누다가 멈춰 있었다. 우엑.

"거기 누구 있나요?" 나는 새들이 모여 있는 곳에 가까이 다가가 말했다.

"도와주세요! …끼었어요! …움직일 수 없어요!" 먹먹한 답변이 들려왔다.

"조금만 기다려요!" 나는 소리쳤다. 두 비둘기 사이에 끼어 있는 외계인은 보즈보단 크고 계란 모양 같았다. 나는 그 외계인을 부드럽게 잡고 흔들어서 빼낸 후, 내 얼굴 가까이 들어 올렸다.

"오, 고마워요, 고마워요!" 그녀는 나를 전혀 무서워하지 않는 것 같았다.

"토토!" 내 어깨 위의 보즈가 불렀다.

"보즈!" 토토가 대답했다. "무사했구나!"

"딩, 동, 댕도 찾았어! 지금 이 친구의 가방에서 자고 있어."

토토가 다급하게 말했다. "어서 디디 공주님을 도와야 해요. 비둘기들이 공주님을 뒤쫓고 있어요."

"공주님이 여기 계신다고?" 보즈가 눈을 크게 뜨며 말했다.

"디디 공주님!!!!"

공주님은 어디에 있을까? 나는 타일의 구멍을 쪼려다가 그대로 멈춘 비둘기 한 마리를 발견했다. 나는 타일 사이의 구멍에 손을 바로 집어넣었다. 그것이 나쁜 생각일 수도 있다는 것을 생각해 볼 시간조차 없었다.

손가락 끝에서 뭔가 부드러운 게 느껴졌다. "아야!" 구멍 안에서 목소리가 들렸다. 나는 얼른 손을 빼냈다. "거기 누구 있어?"

"난 여기서 안 나갈 거야!" 목소리가 다시 들렸다. "저 날아다니는 것들이 또 나를 찌를 거야."

"날아다니는 애들은 이제 움직이지 않아. 와만자 버튼을 눌렀거든. 이제 안전해. 나와도 돼."

"내가 널 어떻게 믿어?" 안에서 목소리가 다시 들렸다. "방금도 내 눈을 찌르려고 했단 말이야!"

"디디 공주님이세요?" 보즈가 말했다.

"보즈?" 끙끙대며 디디가 구멍에서 기어 나왔다. 그녀는 몸을 털고 똑바로 섰다. 적어도 5센치미터는 돼 보였다. 보즈가 깊숙이 인사했다.

"공주님, 안전하신 모습을 보니 너무 기쁩니다."

토토가 디디를 크게 껴안았다. "공주님! 얼마나 걱정했다구요."

"정말 끔찍한 행성이야." 디디가 말했다. "거대한 몸집에 거대한 발, 그리고 이 날아다니는 이상한 생명체, 거기다가 이렇게 더운 날씨라니! 보즈, 우리 어디에 와 있는 거야? 갑자기 날 공격하던 이상한 생명체가 멈추길래 와만자가 작동했다고 생각했어. 근데 이 거대한 소녀는 어떻게 움직일 수 있는 거지?"

"여기는 아름이에요. 위기에 처한 저를 구하느라 와만지 버튼을 눌러줬어요. 외부인이 누를 일은 거의 없어서 써본 적은 없었지만, 우리 행성 외의 사람이 와만자 버튼을 누른다면 멈춘 시간을 함께 할 수 있어요! 덕분에 아름이와 함께 이동하면서 부서진 우주선 조각들과 공주님을 찾아낸 거예요. 아름이가 부서진 우주선 조각들을 다 들어줬어요! 저 혼자서는 못했을 거예요."

"그랬군요. 정말 고맙습니다, 아가씨." 토토가 깊이 숙이며 말했다.

"흥" 디디가 말했다. "이런 야만적인 원주민 도움 없이도 난 네가 해냈을 거라고 확신해."

야만적? 정말 무례하다고 생각했다.

"공주님, 아름이는 정말 많은 도움을 주었어요. 혼자서는 사촌들을 모두 찾을 수 없었을 거예요." 보즈가 말했다.

디디의 눈이 빛났다. "나의 사촌들? 지금 어디 있어?"

"여기에서 자고 있어요." 나는 벨트 가방의 지퍼를 열며 말했다.

"오, 사랑하는 사촌들!" 디디가 외치며 달려와 가방 안을 들여다보았다. 그녀의 목소리를 듣고 딩, 동, 댕이 잠에서 깼다. 사촌들은 가방에서 바로 뛰쳐나와 그만 바닥에 떨어졌다. 발에 스프링이 달린 것 같았다. 디디, 토토, 보즈가 모두 웃기 시작했다. 나도 웃었다. 정말 우스꽝스러운 광경이었다! 태국 사원 위에서 튀어 오르는 외계인들이라니.

댕이 너무 높이 튀어서 탑 가장자리에서 떨어질 뻔했다. 나는 그를 잡아서 바닥에 내려놓으며 말했다. "조심해."

하지만 댕은 내 말을 들은 것 같지 않았다. 그는 더 높이 튀었다. "어, 얘들아!" 내가 말했다. 사촌들은 점점 더 높이 튀어 오르며 킥킥거렸다. 이제 통제 불능이 되고 있었다.

"내가 해결할게." 토토가 말했다. 토토는 눈을 감고 팔을 뻗어 윙윙거리는 소리를 냈다. 사촌들의 튀어 오름이 느려지기 시작했다. 내 머리보다 높은 곳에서, 내 어깨 높이로, 내 허리로, 무릎으로, 새끼발가락으로, 그리고 마침내 전혀 튀지 않게 되었다.

"방금 뭘 한 거야?" 디디가 이제 차분해진 사촌들을 모두 안고 있을 때 나는 토토에게 물었다.

"그게 내 능력이야." 토토가 어깨를 으쓱하며 말했다. "나는 다른 사람들을 진정시킬 수 있어." **우리가 그 능력을 더 일찍 사용했으면 좋았을 텐데!** 나는 시장에서 사촌들이 사람들의 접시에서 음식을 마구 먹던 장면이 생각났다.

그 순간 사원 모서리에서 반짝이는 무언가를 발견했다. 우주선의 또 다른 부분이었다. 벨트 가방에 넣으려 했지만 들어가지 않았다. 다 먹은 물병을 꺼내고 우주선의 조각을 넣었다. 더 이상 가방에 여유 공간이 없어 모든 외계인들은 내 어깨에 있어야 했다.

"우주선 조각들은 다 찾은 거야?" 내가 물었다. 보즈가 고개를 끄덕였다.

“내 아이들! 내 아이들을 찾아야 해!” 디디가 말했다.

“딩, 동, 댕이 디디님이 말한 아이들이 아니었어요? 내가 말했다.

“나는 공주야.” 디디가 심술궂게 말했다. “내 모든 신하들은 나에게 아이들과 같아.” 토토와 보즈가 자랑스럽게 미소지었다. “하지만 나는 지금 내 반려동물 두 마리, 잽과 곰곰에 대해 말하고 있어. 나 없이 얼마나 무서워하고 있을까? 어서 찾아야 해!”

“그럼 다 모이게 되는 거예요?” 내가 물었다.

“네, 그렇게 되면 우리 모두가 모이는 거예요. 정말 우주선에 탄다는 건 바보 같은 생각이었어요.” 토토가 디디 대신 대답해 주었다.

“아니야, 좋은 생각이었어!” 디디가 방어적으로 답했다. “더 훌륭한 조종사가 있었다면 어땠을지 모르지만!”

“죄송합니다, 공주님. 하지만 딩, 동, 댕이 우리를 광속으로 보내는 버튼을 누르지 않았다면 괜찮았을 거예요.”

“감히 내 사촌들 탓하지 마!” 디디가 소리쳤다. “아마도 보즈, 당신 우주선에 아동 안전 잠금 장치가 있어야 했을 거야! 그런 큰 빨간 버튼은 누구나 누를 수 있었다고!! 당신의 큰 엉덩이로도 실수로 누를 수 있잖아!” 보즈가 충격을 받은 듯 보였다. 나도 충격을 받았다. 도넛 모양인 보즈는 실제로 엉덩이가 없었기 때문이다.

디디와 보즈가 화나게 서로를 바라보며, 둘 다 서로에게 엄지손가락을 치켜세우고 있었다.

"공주님, 보즈." 토토가 다시 눈을 감고 손을 뻗으며 말했다. 즉시 보즈와 디디가 진정되는 것 같았다.

"토토, 제발 나에게 네 능력을 사용하지 마."

"죄송합니다. 공주님." 토토가 고개를 숙이며 말했다. "하지만 우리는 잽과 곰곰을 찾고 집에 돌아가기 위해 함께 힘을 합쳐야 해요."

"좋아." 디디가 말했다. 보즈와 그녀가 서로에게 혀를 내밀었다. 화해한 것 같았다.

"보즈, 잽과 곰곰은 어디 있어?" 디디가 물었다.

"**왓 포**, 그게 이름이었지?" 탑에서 보즈가 말했던 것을 기억하며 내가 물었다.

"맞아." 보즈가 대답했다. "공주님, 강 건너편에서 희미한 신호가 잡혀요."

“그럼 뭘 기다리고 있어! 1초도 낭비할 시간이 없어!” 디디가 말했다.

딩, 동, 댕과 디디가 한쪽 어깨에 앉고, 토토와 보즈가 다른 쪽 어깨에 앉았다.

“아름, 지도를 보여줘.” 보즈가 말했다. 나는 아직 손에 물병을 들고 있었다. 근처 쓰레기통에 버린 뒤 가방에서 지도를 꺼내 왓 포가 어떻게 생겼는지 보즈에게 보여주었다.

펑!

그렇게 우리는 사라졌다.

국수 식당

우리는 오래되어 보이는 국수 식당 앞에 도착했다.

"음… 보즈. 여기는 사원이 아닌데."

"아, 그게…" 그의 배에서 아주 큰 소리가 났다. "조금 배가 고프거든. 지도 옆에 너무 맛있게 생긴 음식 사진이 있어서 살짝 보기만 했는데… 미안." 그는 와만자를 바라보며 말했다. "공주님, 잽과 곰곰이 있는 사원은 여기서 몇 블록 떨어져 있어요. 다시 가죠."

"잠깐!" 디디가 말했다. 디디의 배에서도 꼬르륵 소리가 났다. 내 배도 마찬가지였다. 우리는 시끄러운 꼬르륵 합창단

이었다.

“마이 베이비들은 튼튼해, 우리 간단한 식사를 하고 출발하자.”

이 식당은 대기 줄이 있었다. 기다리는 줄에는 관광객들도 많았지만 현지 태국인들도 많았다. ‘현지 사람들도 줄을 선다는 건 맛집이라는 뜻이야.’ 아빠가 늘 얘기하셨던 게 생각났다.

밖에 한 테이블이 비어 있었다. 웨이터 한 명이 한 가족에게 그 자리를 안내하고 있었다. **음, 우리가 먼저 사용해도 괜찮겠지?** 깨끗하게 치우고 가기만 하면 말이다.

나는 테이블에 앉아서 메뉴를 봤다. “뭐 먹고 싶어?” 내가 물었다. 망고 찹쌀밥이 있는 것을 봤다. 드디어 맛 볼 수 있겠다! 잠깐. **딩, 동, 댕들은 내가 맛을 설명해야만 뭔가를 만들 수 있지.** 그들은 아직 망고 찹쌀밥을 먹어본 적이 없었다.

팟타이, 그린 커리, 똠얌꿍도 메뉴에 있었다. 어제 저녁으로 먹었던 음식들이다. 그 맛들을 기억해보려고 했다.

“좋아, 이 세 가지 요리를 먹을 수 있어.” 나는 그림을 가리키며 말했다. “팟타이, 그린 커리, 똠얌꿍이야. 맛은 어떠냐면… 팟타이 맛을 어떻다고 표현해야 하나.”

“이렇게?” 딩은 다른 테이블로 점프해 팟타이를 맛보며 말했다.

“잠깐!!” 이미 늦었다. 딩은 이미 음식을 맛보고 있었다.

동과 댕은 서로를 바라봤다. “안 돼, 너희 둘!!” 또 늦었다. 동과 댕도 다른 테이블로 이동하여 내가 가리킨 요리들을 찾아내 맛을 보고는 딩에게로 돌아왔다.

“똠얌꿍은 맵지 않았어?” 나는 댕에게 물었다. 왜냐하면 어제 먹었을 때 정말 매웠기 때문이다.

"아니 맵지 않아." 댕이 웃으며 대답했다. 딩, 동, 댕은 동그랗게 원을 만들어 폴짝폴짝 뛰었다.

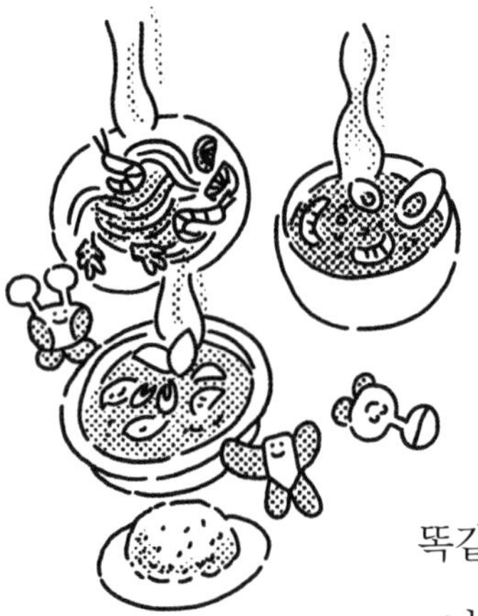

이제 테이블 위에는 국수 한 접시, 김이 모락모락 나는 커리 한 그릇과 밥 한 그릇, 그리고 뜨겁고 매운 수프 한 그릇이 놓여 있었다. 사진과 똑같이 생겼다. 내가 기억하는 것과 똑같은 냄새가 났다.

나는 먼저 골고루 조금씩 맛봤다. 팟타이가 제일 맛있었는데, 새우와 면발이 정말 잘 어울렸다. 그린 커리는 상쾌한 맛이 났고 조금 매웠지만, 김치도 먹을 수 있고, 라면도 먹을 수 있는 나에겐 문제 없었다. 그렇지만 똠얌꿍은… 정말 매웠다. 난 매운 음식을 먹으면 가끔 딸꾹질이 나는데, 똠얌꿍을 먹자마자 딸꾹질을 시작해서 물을 크게 한 모금 마시고 팟타이 면을 후루룩 먹은 뒤에야 멈췄다.

"정말 맛있다!!" 딩, 동, 댕은 신이 나 보였다. "하지만 이건 조심해야 해." 내가 똠얌꿍을 가리키며 말했다. "아주 맵거든."

"플루발루바 5호의 모든 음식은 매워." 디디가 무뚝뚝하게 말했다.

딩, 동, 댕이 국수 그릇 안으로 뛰어들어 후루룩 먹기 시작했다. 작은 발이 음식 안에.. 별로 위생적이지 않다고 생각했다.

디디는 태국 그린 커리 그릇을 올려다보고 있었다. "이것 좀 먹고 싶은데…" 디디가 중얼거렸다. **'부탁합니다' 하면 좋을 텐데.** 공주들은 부탁한다는 말에 익숙하지 않은 것 같다.

"제가 해 드릴게요." 라고 답하며 숟가락으로 커리를 떠서 디디에게 권했다. 디디는 입을 크게 벌리고 먹기 시작했다.

"잘했어, 내 사촌들! 너무 맛있다!" 그녀가 말했다. 그러고는 미소를 거두고 내가 또 다른 숟가락을 줄 때까지 나를 째려봤다. **정말 공주구나!** 토토는 찹쌀밥을 크게 한입 베어 먹고 있었다. 그리고 보즈는 몸 색깔이 빨갛게 바뀌고 있었다!? 보즈는 눈을 크게 뜨면서 나에게 뭔가 말하려고 하는 것 같았다. 나는 보즈에게 가까이 다가가 몸을 숙였다.

"매… 매워!!!" 그가 힘겹게 말했다. 똠얌꿍이 보즈에게는 너무 매운 것 같았다. 나는 크림 같은 그

린 커리를 숟가락으로 떠서 보즈의 입에 넣어주었다. 붉은색은 사라지고 곧 원래 색으로 돌아왔다.

"고마워, 난 플루발루바 4호 출신이라 매운 음식은 잘 못 먹어." 보즈가 미소 지었다. 혹시 모르니까 흰쌀밥 한 숟가락을 보즈 얼굴 앞에 가져다 댔고, 보즈는 행복하게 우물우물 먹었다.

"딩, 동, 댕, 안 돼!" 내가 소리쳤다.

사촌들이 똠얌꿍 그릇에서 수영하며 꿀꺽꿀꺽 마시고 있는 걸 본 것이다. 나는 숟가락을 잡고 그들을 건져냈다. "너무 매워, 조심해!" 하지만 그들은 완전 멀쩡해 보였다.

"매운 맛... 좋아." 댕이 매운 수프에 흠뻑 젖은 채로 입술을 핥으며 말했다. 나는 눈을 굴리고 숟가락을 내려놓았다. 매운 맛은 괜찮을지 몰라도, 셋의 몸은 약간 끈끈했고 비린내도 조금 났다. 이런.

우리는 음식이 바닥날 때까지 계속 먹었다. 외계인들은 모두 배를 잡고 테이블 위에 행복하게 누워 있었다. 와만자가 '삐삐' 소리를 내기 시작했다.

"무슨 소리야?" 내가 말했다.

"아, 그거? 가스 경보. 우리에게… 뿌웅!" 보즈가 이야기하던 중에 방귀를 뀌었다.

딩, 동, 댕도 큰소리로 웃으며 방귀를 뀌었다.

"얘들아, 제발!" 디디가 애원했지만, 그녀 역시 작은 사이즈의 '뿡' 소리를 냈다.

나는 다 먹은 접시들과 수저들을 정리해 주방 옆에 두었다.

밖으로 나가서 벨트 가방에서 물티슈를 찾아 테이블을 닦고, 딩, 동, 댕도 닦아 주었다.

우리의 원래 목적지였던 **왓 포**는 바로 모퉁이만 돌면 나왔다. "공주님의 반려동물이 여기 있는 거 맞아?" 내가 사원에 다가가면서 보즈에게 물었다.

"그렇긴 한데, 문제가 생겼어… 지금 와만자의 배터리가 거의 없어."

왓 포

“뭐, 배터리가 거의 다 되었다고? 충전기는 없어?”

“와만자의 배터리는 우주선에서만 충전할 수 있어. 화면이 어두워져서 지도가 잘 안 보이네. 여긴 너무 밝으니 일단 안으로 들어가자.”

사원 안에는 그늘이 많았다. 나는 간판을 보며 소리내어 읽어봤다. “왓 프라 체.. 체투폰 위몬 망카 라람 라즈 와라마하위함.” 정말 이렇게 긴 이름이다! **나는 ‘왓 포’ 라고 불리는 줄만 알았는데?**

“왓 프라 체투폰 위몬 망클라람 랏차워람아하위한.” 토토가 유창하게 말했다. 나는 놀란 눈으로 토토를 쳐다봤다. "저는 역사 공부하는 걸 좋아해요." 토토가 말하며 어깨를 으쓱했다.

"우리가 추락한 후 그 날아다니는 괴물들(비둘기)이 우리를 찾기 전에 이 '방콕'이란 도시의 가이드 북을 읽었거든요. 이곳은 '왓 포'라고 불려요. 원래 이름인 '왓 포타람'의 줄임말이에요. 방콕이 도시가 되기 전에 지어졌어요. 정말 멋지지 않나요? 아, 그리고 라마 1세가 세웠어요. 아름님은 그가 누군지 당연히 알겠죠?"

"음.. 잘 모르겠어. 태국의 왕이었나?"

"당연히 그렇죠." 토토가 내 지식 부족에 실망한 듯 대답했다.

"어쨌든!" 내가 화제를 바꾸며 말했다. "여기라면 보즈가 화면을 볼 수 있을 거예요." 우리는 매표소를 지나 안으로 들어갔다. 입장료를 안 내고 들어가려니 조금 미안한 기분이 들었다. **엄마, 아빠와 다시 와서 입장료를 내야겠다.**

왓 포는 정말 인상적이었다. 왓 아룬보다 훨씬 크고, 알록달록 했다. 하얀 타일뿐만 아니라 금색, 빨간색, 초록색 타일도 있었다. 우린 와만자 화면을 확인하기 위해 그늘을 찾아 걸었다.

보즈는 얼굴을 찡그리며 화면을 내려다보고 있었다. 그늘은 충분히 어둡지 않았다. **저기는 어떨까?** 나는 보즈를 검은 지붕이 있는 큰 홀로 데려갔다.

뭔가 특별한 느낌이 들었다. 이곳이 정확히 어떤 곳인지는 모르겠지만 뭔가 특별한 곳이라는 건 알 수 있었다.

보즈가 화면을 내려다봤다. "훨씬 잘 보인다. 음, 여기에는 없는 것 같아… 북쪽 어딘가 더 큰 단지에 있어. 그쪽으로 가보자."

"아아아악!"

"무슨일이야?" 내가 주위를 둘러보며 말했다.

"아아아아악!!!"

디디, 토토, 딩, 동, 댕, 보즈까지 비명을 지르고 있었다. 그렇게 작은 생물들치고는 큰소리였다!

"모두 쉿!! 조용히!" 내가 말했다. 눈이 적응되면서 우리 앞에 있는 것을 보고는 "와" 라는 환호성이 나도 모르게 나왔다. 거대한 부처상이

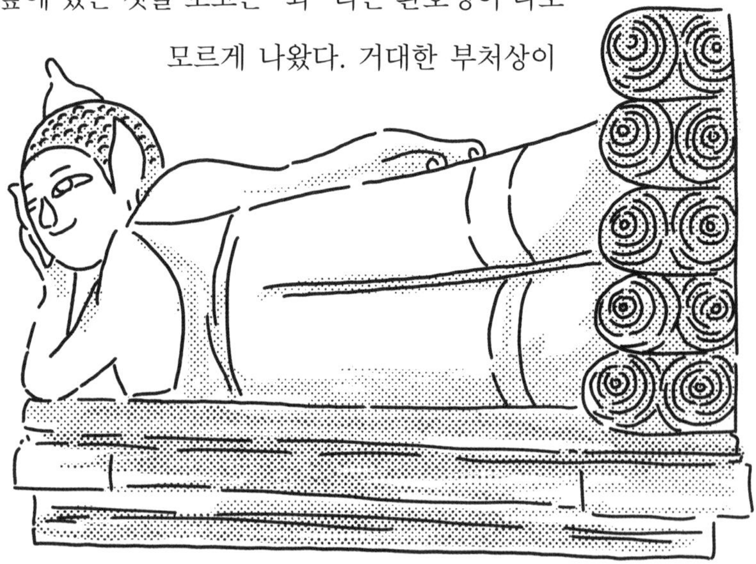

있었는데, 우리가 서 있던 큰방을 가득 채울 정도로 컸다. 자세가 정말 멋졌는데, 한 손을 머리에 대고 옆으로 누워 있었다. 정말 여유로워 보이는 부처상이었다. 불상은 마치 소파에 누워서 TV를 보는 나 같았다. **〈유니콘팡〉을 네 시간 정도 보고 팝콘을 다 먹으면 나도 저런 편안한 표정을 지을 수 있을텐데.**

"이건 너무 거대해!"

"세상을 파괴시키는 자!"

"우주의 모든 생명을 끝내러 온 생명체인가봐!!"

"얘들아, 얘들아. 진정해. 이건 살아 있는 게 아니라, 그냥 동상이야. 진짜 사람이나 거인이나 괴물이 아니라고!" 아무리 말해도 조용해질 틈이 없어 가방을 다시 멨다.

"동상이라고? 그게 뭔데? 괴물 같은 거야?" 토토가 물었다.

"동상을 모른다고? 진짜 같아 보이게 만든 모형이야."

"너무 거대해서 저 큰 손으로 한 번 휘두르면 우릴 모두 죽일 수 있을 거야."

"죽여라! 죽여라! 죽여라!" 딩, 동, 댕이 웃으면서 외쳤다.

"아무도 죽이지 않아. 진정하고, 잘 봐봐. 돌로 만들어져 있지? 그래서 사람들이 '돌부처'라고 불러." 나는 아빠처럼 가능한 천천히 그리고 부드럽게 말했지만, 이곳저곳에서 두려움으로 흐느끼는 소리가 났다. **마치 내가 무서운 꿈을 꾸고 엄**

마, 아빠에게 갔을 때랑 같은 기분일까. 정신이 혼미한 상태의 누군가를 진정시키는 일은 어렵단 걸 알게 되었다.

“아, 돌부처! 가이드 북에서 읽었어! 아름이 말이 맞아.” 토토가 말했다. “이건 와불이라고 해, 누워 있는 불상이라는 뜻이지. 아주 편안해 보이지? 이건 부처님이 열반에 드신 모습을 표현한 거야.”

“열반? 그게 뭐야?” 모두들 부처님의 얼굴을 올려다보며 물었다.

“음, 아직 그 부분까지는 안 읽었어요.” 토토가 말했다.

나도 몰랐다. 부처님에 대해서는 그의 이름을 따서 많은 사원이 지어졌다

는 것 말고는 별로 아는 게 없었다. 꽤 멋진 분이었을 것이다.

“하지만 왜 이렇게 거대해? 너희 행성인들은 이렇게 커지는 거야?” 디디가 무서워하며 물었다.

“그렇다기보다 그분이 얼마나 중요한지 크기로 보여주는 거예요.” 내가 돌아서서 출구로 걸어가며 말했다.

“등을 돌리지 마!! 움직일지도 몰라!” 보즈가 당황해서 소리쳤다.

“움직이지 않을 거야. 시간이 멈춰 있다는 거 기억해? 우리가 만지지도 않았고. 그냥 조각상이고, 진짜 사람이 아니야. 조각상은 움직이지 않아.” 말은 그렇게 했지만 괜히 무서워져 보즈가 말한 대로 뒷걸음질쳐서 방을 나왔다.

모두가 밖으로 나온 걸 확인하고, 내가 말했다. “봐, 보즈. 조각상은 살아나지 않았지? 다음에는 어디로 가야 해?”

“여기.” 보즈가 지도를 가리키며 말했다. **왕궁.** 꽤 멋져 보였다. 나는 보즈가 자세히 볼 수 있도록 지도를 뒤집었다.

“준비됐든 안 됐든, 모두 출발해야해요! 우리에겐 시간이 없으니까!” 보즈가 말했다.

그리고 세상이 다시 한번 우리 주변에서 사라졌다.

왕궁

우리는 왕궁의 거대한 벽 밖에 서 있었다. 우리 모두 손으로 눈을 가렸다. 햇빛에 반사된 벽이 눈부셨다.

좋은 생각이 떠올랐다. “들어와. 여기서 햇볕을 피하는 게 어때?” 내 머리를 앞으로 당기며 외계인들에게 말했다.

사촌들에겐 두 번 말할 필요도 없었다. 말 끝나기 무섭게 내 머리카락에 뛰어들었다. 그 속에서 그들의 웃음 소리가 들리고 움직임도 느껴졌다. 그 다음 순서는 토토였다. 그녀는 디디의 손을 잡고 들어왔다. 마지막으로 보즈가 뛰어들었다.

“오, 여기 시원해요.” 토토가 말했다.

"하지만 냄새가 나지." 디디가 말했다. 나는 머리 끝을 잡아 냄새를 맡았다. 음, 틀린 말은 아니었다.

왕궁에는 사람들이 빽빽하게 몰려 있었다. 아무도 건드리지 않고 그들 사이를 지나가기란 힘들었다. 나는 사람들을 피하느라 피겨 스케이팅 선수처럼 이리저리 빙글빙글 돌았다.

"정말 여기 있는 게 확실해?" 보즈에게 물었다.

"나도 정말 그랬으면 좋겠어." 보즈가 대답했다. "만약 못 찾게 된다면 그 녀석들은 여기에 영원히 갇히게 될지도 모르겠어. 아님 우리 모두가 말이야."

"그런 말 하지 마. 보즈. 우리가 찾을 수 있어. 그리고 나는 부모님께 돌아가고, 너희들은 너희 행성으로 돌아갈 거야."

나는 열린 매표소 문을 통해 왕궁에 들어갔다. 돈을 내지 않고 들어가는 것에 대해 다시 미안한 기분이 들었다. **부모님과 해야 할 일 목록에 또 추가해야지.**

우리는 조각상들과 다양한 색깔들, 그리고 많은 사람들로 가득한 안뜰에 있었다. 그곳의 벽면에는 사람들과 나무들, 건물들로 가득한 거대한 풍경화가 있었다. "이 그림 좀 봐 봐."

내가 외계인들에게 말했다. 그들은 내가 말한 그림을 보기 위해 머리카락 안에서 얼굴을 내밀었다.

"이건 그림이 아니라 벽화라고 불러요. 고대 태국의 서사시에 나오는 라마키엔의 장면들을 보여주고 있죠. 이 벽화에는 178개의 패널이 있어요. 길이는 2킬로미터가 넘어요!" 토토가 말했다.

"그걸 어디서 읽었어요? 안내 책자??" 내가 물었다.

"네! 하지만 직접 보는 게 훨씬 더 좋네요." 토토가 자랑스럽게 말했다.

나는 토토가 들려준 이야기를 생각하며 벽화를 따라 걸었다. 벽화에는 정말 이야기가 가득해서 눈을 뗄 수 없었다. 호

화로운 환경에서 목욕하는 아름다운 여인들, 병사들과 싸우는 무서워 보이는 괴물들, 놀라운 사원들, 볼 것이 너무나도 많았다. 작은 인물들이 살아 있는 것처럼 보였다.

잠깐, 방금 뭐가 움직인 것 같은데? 말도 안 돼. 벽화가 어떻게 움직이지?

벽화 속 사람이 나에게 손을 흔들고, 윙크를 했다. 저건 분명히 움직이는 게 맞다! **내가 설마 환상을 보는 건가?**

"보즈, 이 벽화에 있는 그림들이 움직이고 있는 것 같아… 너도 보여?" 보즈와 함께 벽화를 자세히 살펴보니 강에 있는 배 또한 물 위에서 위아래로 흔들리고 있었다.

"응. 보여."

"이게 어떻게 된거야? 와만자는? 고장났어? 이제 시간이 되돌아오는 거야?"

"아니, 이건 잽이야! 나의 사랑스러운 베이비가 나에게 사인을 보내고 있는거라구!" 디디가 말했다.

"잽이 그림을 움직이게 할 수 있어?"

"잽은 포크, 그림, 책 같이 움직이지 않는 물질을 움직일 수 있어. 하지만 잽과 가까이 있는 것들만 움직일 수 있지. 그 말은 분명 여기 어딘가에 있다는 거야. 곰곰도 분명 함께 있을 거야. 둘은 베프거든." 보즈가 말했다.

거의 미로와 같은 이 거대한 왕궁 어딘가에 그들이 있다는 것이다. 어떻게 찾는담! 왕궁 사방에는 조각상들이 있었는데, 뿔이 있고 입을 크게 벌리고 무시무시한 눈을 가진 거대한 괴물 조각상들이었다. 탑을 받치고 있는 무시무시한 모습의 괴물도 있었다. 만약 잽이 이 모든 괴물들을 살아나게 한다면 조각상들이 사람들을 공격하거나, 꿀꺽 잡아먹을까? 그런 일이 일어나기 전에 잽과 곰곰을 찾아야 했다.

나는 장엄해 보이는 사원을 올려다봤다. 물론 왕궁 단지의 모든 것이 장엄했지만 이것은 더욱 그랬다. 높은 황금 지붕이 하늘로 솟아오르는 것 같았다.

"이곳은 에메랄드 부처 사원이에요." 토토가 말했다.

"부처님? 또 그 거대한 존재?? 잽이 지금 저기 있대? 오,

잽, 제발 무사하기를… 우리가 가고 있어!" 디디의 겁먹은 목소리가 들렸다.

"이번에는 거대한 조각상이 아니에요. 이건 아주아주 작아요. 옥이라는 광물 한 덩어리로 조각된 거예요. 매우 특별하죠." 토토가 말했다.

"잽과 곰곰이 여기 있는 것 같아?" 보즈에게 물었다.

"모르겠어. 아무것도 보이지 않아. 와만자 화면이 꺼졌어."

"꺼졌다고?? 배터리가 이제 없는 거야?"

"저전력 모드로 변경했어." 보즈가 말했다. "여기 깜박이는 빨간 불이 보이지? 지금 당장 충전이 필요해. 그렇지 않으면 공주님의 반려동물들을 찾기도 전에 시간이 다시 흐르기 시작할 거야."

"그런 일은 일어나지 않을 거야. 걱정 마. 얼른 찾아보자." 내가 말했다.

건물 안을 들여다보니 많은 사람들이 바닥에 앉아 있었

는데, 대화하거나 사진을 찍거나 잠을 자는 모습으로 멈춰 있었다. "잽! 곰곰! 거기 있어? 오, 이 바보 같은 머리카락때문에 아무것도 안 보여!" 디디가 소리쳤다.

나는 디디의 말을 듣고서야 내 머리카락이 외계인들의 시야를 가릴 수 있겠다는 생각이 들어 외계인들을 내 머리카락에서 하나씩 꺼내 다시 내 어깨에 올려놓았다.

나는 출입구를 통해 발을 내디뎠다가 멈췄다. "뭘 기다리고 있어?" 디디가 내 어깨 위에서 조급하게 말했다. 건물 밖에 쌓인 사람들의 신발 더미를 보고 나는 신발을 벗었다.

"현지 관습을 존중하는 아름이를 잘 봐 두세요, 공주님." 보즈가 말했다.

고마워, 보즈

사원 안은 완전히 조용했고 움직임의 기미도 전혀 없었다. "잽? 곰곰?" 내가 불렀다. 하지만 돌아오는 대답은 없었다.

나는 사원 바닥에 있는 사람들을 조심스럽게 발끝으로 지나갔다.

그들 중 많은 사람들이 방의 중앙을 올려다보고 있었다. 나도 그들의 시선을 따라 보니 높은 곳에 작은 왕좌가 놓여 있었다. 그 곳에는… 음, 아무것도 없었다. "토토, 여기에 부처 조각상이 있다고 하지 않았어요?" 내가 허리 가방에서 종이 지도를 더듬으며 물었다.

"네. 있어요." 토토가 대답했다. "옥 한 덩어리로 조각된 거예요. 계절에 따라 다른 옷을 입어요. 바로 저 왕좌에 앉아 있어야 하는데…." 나는 지도 뒷면의 사진을 봤다. 에메랄드 부처… 아! 이거구나! 사진을 들고 실제와 비교해봤다. 사진과 딱 들어맞았다. 황금 옷을 입은 작은 녹색 부처 조각상만 빼고. 어디로 간 걸까?

그때 그림자 속에서 녹색 무언가가 움직이는 걸 봤다. **설마, 그럴 리가? 에메랄드 부처가... 움직이고 있는 건가?**

"잽이 금색 옷을 입은 나 같은 형상으로 생겼어?"

"음… 그렇진 않아. 전혀." 보즈가 말했다.

금색 왕좌 뒤에서 뭔가가 바닥에 떨어지는 소리가 났다.

"저기 위에! 곰곰이다!" 디디가 소리쳤다.

올려다보니 날아다니는 새가 있었다. 하지만 내가 본 적 있는 어떤 새와도 달랐다. 주황색에 빨간 날개와 노란 부리를 가지고 있었지만, 몸통이 동시에 머리이기도 했고, 눈은 개구리 같달까… 분명히 외계 생명체였다.

곰곰이 기둥 뒤로 날아가는 바람에 놓쳤다. 곰곰을 찾으러 가는데 내 바로 앞 사원 바닥에 옥 조각상이 서 있었다. 은호의 절반 정도 크기였고, 얼굴에 환한 미소를 짓고 있었다. 눈은 감고 있었다. 분명히 부처님이었다.

"어… 안녕하세요." 에메랄드 부처에게 말을 걸었지만, 킥킥거리며 홀 뒤쪽으로 달아났다. 에메랄드 부처가 다시 나타났는데, 이번에는 강아지와 닮은 것을 타고 있었다. 다만 이 강아지는 밝은 녹색이었고 눈 사이에 안테나가 튀어나와 있었다. 그리고 몸을 자유자재로 늘였다 줄였다 할 수 있었다. 눈은 부처님처럼 감고 있었다. 그 둘은 홀을 위아래로 뛰어다니고 있었고, 부처님은 이상한 소리로 킥킥거리며 웃고 있었다. 그들은 멈춰 있는 사람들 사이를 꽤 멋지게 지그재그로 피해 다니고 있었다.

"잽은 왜 눈을 감고 있는 거야?!" 나는 보즈에게 물었다.

"눈을 감고 있는 게 아니라 원래 그렇게 생겼어." 보즈가 말했다.

나는 두 말썽꾸러기들을 잡으려고 손을 뻗었지만, 가뿐히 내 손길을 피하고 기둥들 뒤로 돌아갔다. 천장에서 또 다른 쿵! 소리가 났다. 또 곰곰이었다. 이 둘이 사원 전체를 무너뜨릴 것 같았다.

"곰곰!!" 보즈가 소리쳤지만, 곰곰은 신경 쓰지 않는 것 같았다. 비행 실력도 별로 좋지 않은지 황금 갓등에 부딪히며 또 쿵! 소리를 냈다. 뭔가가 바닥으로 떨어졌는데, 잠들어 있던 방문객을 아슬아슬하게 비껴갔다.

"내 아가들!! 이리 와!" 디디가 오래된 주전자가 끓는 소리 같은 고음의 휘파람을 불었다. 그러자 놀랍게도 곰곰은 이것저것에 부딪히는 걸 멈추고 디디에게 곧장 날아왔다. 그 순간 디디가 내 어깨에서 떨어졌다.

"디디!!" 나는 팔을 뻗어서 땅으로 떨어지는 디디와 곰곰을 둘 다 받아냈다.

"괜찮아요?" 내가 디디의 먼지를 털어주며 물었다.

"나는 괜찮아." 디디는 내 손길을 뿌리치고 자기 손을 털어냈다.

"네가 아니어도 멋지게 착지했을 거야. 네 도움 따윈 필요 없었다고."

저 성격하곤.

내 뒤에서 또 쿵! 소리가 났다. 잽과 부처님이 다시 방을 가로질러 지그재그로 달렸다.

"잽!!" 디디가 불렀다. 부처님이 멈춰서 우리 쪽으로 돌아섰다. 순간 잽이 내가 뻗은 발에 걸려 넘어졌다. 그러자 부처님상이 잽의 등에서 날아올라 공중으로 떠올랐다.

잽을 잡으려던 디디가 떨어졌는데, 잽과 부딪혀 더 멀리 날아갔다. 디디와 부처 동상이 제각각 다른 방향으로 날아가고 있었다. 하나를 잡으면 다른 하나는 잡을 수 없을 것 같았다. 나는 결심했다.

나는 떨어지는 디디를 잡기 위해 슬라이딩하듯 몸을 쭉 뻗어 안전하게 두 손으로 그녀를 잡았다. 부처님은 공중을 날면서도 여전히 킥킥거리고 있었다.

와직!

에메랄드 부처님이 바닥에 떨어지며 수천 조각으로 산산조각 났다. 방 안의

멈춘 사람들은 움직이지 않았지만, 난 충격으로 눈을 감았다. 보즈도 마찬가지였다.

어떻게 해야 하지? 그렇다고 디디를 다치게 할 순 없었어. 이걸 물어내려면 엄마, 아빠가 엄청 난처하실텐데. **어떡하지?** 눈에 뜨거운 눈물이 맺히는 걸 느꼈다. **정말 큰일이 났다!**

손을 펴보니 안에 디디가 있었다. 땀에 젖은 내 손바닥에 갇힌 것에 화내기보다는 고마워했다. "또... 또 나를 구해줬네."

"다칠 뻔했어요."

"부서진 부처님은 어떡해…?"

"아름, 너 무릎!" 보즈가 외쳤다. 무릎 상처 사이로 피가 흘렀다. 보고 나니 눈에 눈물이 핑 돌았다. 디디는 고개를 숙였다.

"나 때문에 다친거네."

"아니에요."

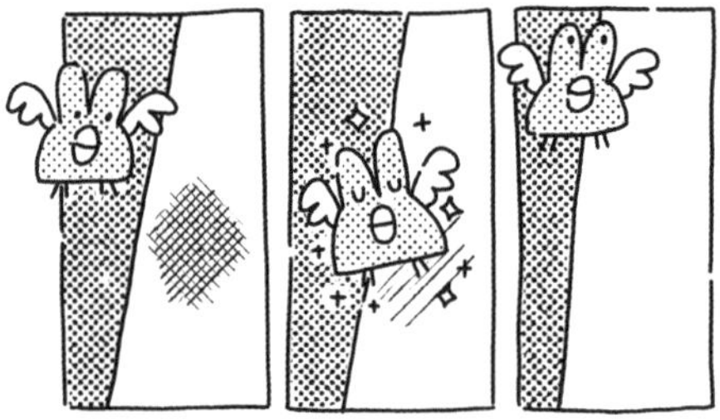

곰곰은 내 무릎 위로 올라왔다. 곰곰은 눈을 감고 내 상처를 치료해 줬다.

내 무릎은 다시 정상으로 돌아왔다. "와 진짜 멋지다." 곰곰은 나에게 눈인사를 했다. 나는 곰곰을 쓰다듬었다.

"저 조각상은... 어떻게 해야 하죠?"

나는 잽을 조심스럽게 들어올려 디디와 함께 내 어깨위

에 내려놓았는데, 디디가 그를 꽉 안아줬다. **얼마나 보고 싶었을까.**

그냥 여기 앉아서 시간이 다시 흐르기를 기다려야 할까? 사람들에게 무슨 일이 일어났는지 말해줘야 할까? 아님, 경찰에 가서 자백해야 할까? 하지만 외계인들을 이야기하지 않고 어떻게 이걸 설명하지?

갑자기 이 모든 상황이 너무 무서워져서 머리를 무릎 사이에 끼고 진정하려 했지만 눈물이 났다. "미안해 얘들아. 이렇게 많은 일을 혼자 해본 적이 없어서 어떻게 해야 할지 모르겠어."

나는 눈물을 닦고, 크게 숨을 쉬었다. 디디가 토토에게 귓속말을 하고 있었다. 토토는 눈을 감고 있었다. 갑자기 마음이 차분해지는 것을 느꼈다. 토토가 자기 파워를 나에게 쓰고 있는 것이었다!

"이제 괜찮아. 울지 말고 이걸 봐봐." 보즈가 말했다. 나는 그의 시선을 따라 바닥에 산산조각이 난 부처님을 다시 봤다. **잠깐, 왜 전보다 덜 부서져 보이는 거지?**

부서진 조각상들이 스스로 다시 붙고 있었다. **이게 어떻게 가능하지?**

"디디 공주님이셔. 우리 공주님은 물건을 고치는 능력이 있으시거든." 보즈가 말했다. 반짝이는 그릇에 비친 그녀의 모습

이 보였다. 디디의 눈은 감겨 있었고 팔은 머리 옆면에 대고 있었다. 매우 품위 있어 보였다. 진정한 공주였다. 산산조각 난 부처님의 조각들이 빙글빙글 돌면서 스스로 맞춰지고 있었다.

“너희들 모두 특별한 능력이 있는 거야?”

“거의 대부분, 나쁘지 않지?”

“정말 멋지다.” 완성된 부처님 조각을 보며 말했다. 믿을 수 없었다! 한 조각도 빠짐없이 원래대로 돌아왔고, 흠집 하나 없었다! 그리고 움직이지도 않았다.

내 어깨 위에서 디디가 깊게 숨을 쉬며 앉았다. 나는 디디를 손바닥에 올리고 눈을 마주치며 물었다. “괜찮아요?”

“괜찮아.” 그녀가 조용히 답했다. “많은 힘이 들었어. 네가 우릴 도와줬잖아. 내가 너를 도울 수 있어 다행이야.”

“고마워요.”

“아름아, 넌 정말 착한 아이인 것 같아. 내가 못되게 굴었던 건 미안해.” 디디가 말했다.

“괜찮아요. 우리가 그렇게 못된 생명체는 아니죠?”

디디는 내 말을 듣고 혀를 내밀었다. 나도 메롱으로 답했다.

그때 반짝이는 무언가가 눈에 띄었다. 우주선의 마지막 조각! 나는 그것을 집어서 벨트 가방에 넣었다. 이제 가방이 더 이상 닫히지 않았다. 뭐, 어쨌든 이제 모든 조각을 다 모았다.

부처님은 바닥 한가운데 앉아 있었다. 떠나기 전에 왕좌로 옮겨 놓아야 할까?

“삐삐삐!” **이 소린 뭐지?**

“와민자 전력이 다 떨어졌어요! 시간이 다시 시작돼요!” 보즈가 소리쳤다.

주위를 둘러봤다. 정말로 사람들이 우리 주변에서 움직이기 시작했다.

찰칵! 누군가의 카메라의 플래시 소리가 들렸다. 그 소리 뒤로 사람들의 수다 소리가 점점 크게 들려왔다.

“부처님이! 봐!” 누군가 소리쳤다.

내 주변 사람들이 모두 일어섰다.

“하지만 방금까지 왕좌에 있었는데!” 다른 누군가 말했다.

“가야 해요. 지금!” 내가 군중을 피해 건물을 빠져나가며 모두에게 속삭였다.

“모두 준비됐어요?” 보즈가 말했다.

“잠깐!! 내 신발!!!!!” 내가 갑자기 소리쳤다.

모든 것이 잠시 깜깜해졌다. 점프로 우리가 공원에 돌아가기 전에 신발 한 짝만 겨우 잡을 수 있었다.

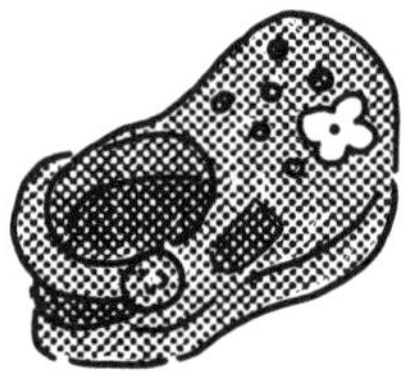

11

다시 돌아온 룸피니 공원

우리는 공원의 나무 앞에 나타났다. 주위를 둘러보자 새들이 지저귀는 소리, 아이들이 노는 소리가 들렸다. 시간이 다시 시작된 것이다. 세상의 모습과 소리들이 다시 생생하게 돌아왔다.

나무 반대편을 살짝 들여다봤다. 엄마, 아빠 그리고 은호가 우리가 떠났던 바로 그 자리에 있었다. 우리 가족들이 나를 발견할까 봐 재빠르게 나무 뒤로 숨었다.

손에 든 신발 한 짝을 봤다. “보즈, 너무 갑자기 점프했어. 나 신발 한 짝을 두고 왔다고! 나 이제 엄마, 아빠에게 뭐라고 말해?!"

"사실대로 말하면 되지." 보즈가 말했다.

"미쳤어?! 절대 안 돼! 다시 돌아가서 신발 찾아오면 안 될까?"

보즈가 와만자를 집어 올리며 대답했다. "배터리가 없어."

"알았어, 알았어." 나는 말하며 생각했다. **신발이니까 뭐 그렇게 중요한 건 아니지.** "그래도 너희들은 숨어야 하니까, 내 머리카락 속으로 다시 들어가 줘."

"꼭 그래야 하나요?" 토토가 한숨 쉬며 말했다.

"미안해요, 여러분. 다른 사람이 여러분을 보면 문제가 될 수 있어요. 보즈만 있을 때는 크게 티나지 않았지만 지금은 다 모여 있어서 사람들 눈에 띄기 쉬워요. 사람들이 외계인의 존재를 알게 된다면 문제가 복잡해져요."

그들은 마지못해 아름이가 시키는 대로 했다. 나는 나무에서 나와 신발 한 짝만 신고 엄마, 아빠를 향해 걸어갔다.

"아름아, 거기 있었네!! 근데 한쪽 신발은 어디 있어?"

"어… 화장실에서 젖었어요. 너무 더러워져서 신고 올 수가 없었어요. 죄송해요."

"아름아, 물건을 잘 관리하라고 엄마가 몇 번 말했니?"

나는 고개를 숙였다. 내가 이렇게 친구들을 위해 거짓말을 하다니… 순간 침이 꼴깍 넘어갔다.

"다음엔 주의해. 근데 꽤 오래된 신발이었잖아? 여행 온 김에 신발 하나 사는 것도 괜찮겠다. 참, 너 화장실 다녀오는 동안 아빠가 가볼 만한 재미있는 곳들을 많이 찾았어. 그렇지, 여보?"

"그럼!" 아빠가 웃으며 말했다.

"아직도 호텔로 돌아가고 싶니?" 엄마가 물었다.

"아뇨! 여기서 보여드리고 싶은 게 너무 많아요. 아… 아니, 가보고 싶은 곳이 너무 많다는 뜻이에요. 전에 본 적이 절대 없는 것들이요!" 내가 흥분하며 말했다.

"먼저, 달콤한 걸 좀 먹는 게 어때?" 아빠가 말했다.

공원 근처 카페에서 디저트를 고른 후, 우리는 다시 잔디 위에 앉았다. 아빠는 태국 차를 마셨고 엄마는 바닐라 아이스크림을 은호와 나눠 드셨다. (대부분은 은호 옷에 묻었지만). 나는 **망고 찹쌀밥**을 골랐다.

마치 금덩이를 보듯 내 앞의 디저트를 바라봤다. 부드러운 망고 조각들, 달콤한 소스가 뿌려진 쫀득한 밥… 정말 맛있어 보였다. 냄새도 좋았다. 한 숟가락을 가득 입에 넣었다. 음! 정말 맛있었다!

방금 보낸 하루를 생각하며 한 입 더 먹었다. 이제 외계인들이 다 모였으니, 그들의 고향으로 돌아갈 시간이었다. 하늘에 보이는 별들 사이로 다시 돌아가는 것이다.

꼭 돌아가야 하나? 물론 그래야 했다. 여기는 그들의 태양계도, 그들의 행성도 아니었다. 집으로 돌아가야 했다. 그러기 위해선 외계인들은 아직 내 도움이 필요했다.

그리고 물론 나는 이것에 대해 아무에게도 말할 수 없겠지. 외계인들의 구원자 아름이. 아무도 알 수 없을 것이다. 하지만 내가 알고 이 외계인들도 알고 있으니 그걸로 충분했다.

나는 잔디에 누워서 하늘을 올려다보며 생각했다. **저 어딘가에 외계인들의 고향 행성이 있겠지.**

내 머리카락에서 뭔가 움직이는 걸 느꼈다. 내려다보니 보즈가 몸을 뻗어서 디저트 접시에 있는 쌀알 몇 개를 잡으려고 하고 있었다. "보즈! 어쩌려구!" 내가 쉿 소리를 내며 엄마, 아빠를 봤다. 엄마, 아빠는 자신들의 디저트에 집중하고 있었다.

"조금만 기다려봐." 내가 머리카락을 목 뒤로 넘기며 말했다.

엄마, 아빠가 자리에 누웠다. 달콤한 디저트에 갑자기 졸음이 밀려오시는지 "잠깐만 낮잠을…." 아빠가 모자를 눈 위에 올려놓으며 말했다. 엄마는 가디건을 얼굴에 덮었다. 은호는 유모차에서 잠들어 있었다. 곧 아빠의 코 고는 소리가 들리고 엄마도 잠이 드셨다.

이제 외계인들을 집으로 보내 줄 시간이었다.

"모두들, 이제 나와도 안전해요. 하지만 조용히 해주세요."

나는 그들을 머리카락에서 하나씩 꺼내어 잔디 위에 내려주었다.

"아름이가 먹고 있던 그 맛있는 냄새의 음식들은 어디에 있어?" 디디가 물었다.

"아, 망고는 다 먹고, 밥은 좀 남았는데, 배고파요?"

"괜찮아." 보즈가 밝게 말했다. "곧 집에 갈 거고, 그럼 튀긴 글로르르박스랑 찐 와카타카를 실컷 먹을 수 있을 거야!"

나는 궁금했다. 외계인 음식은 어떤 맛일까? 나도 그들과 함께 우주선에 타서 그들의 플루발루바 5호를 직접 보고 싶다는 생각이 들었다. 하지만 더 이상 시간을 낭비할 순 없었다. 나는 벨트 가방에서 우주선 조각들을 꺼내 잔디밭에 펼쳐 놓았다. 그때 은호의 유모차에 두었던 조각도 생각났다. 그것도 챙겼다. 조각들을 모아보니 마치 깨진 달걀처럼 보였다. 모든 조각을 잔디밭에 늘어 놓았다.

"이건 어떻게 수리할 거야?" 조종사였던 보즈에게 물었다.

"음. 이 부분이 여기 가고 저 부분이 저기 가고…" 보즈가 우주선의 조각들을 가리키는 대로 내가 맞추기 시작했다. 여러 번의 시도 끝에, 마지막 조각까지 완벽히 제자리에 들어 맞았다. 우주선 크기는 예전에 백화점에서 본 적 있는 타조알 크기 정도였다.

"다 됐다!" 보즈가 말했다. 하지만 손을 떼자 다시 조각조각 흩어졌다.

"이걸로는 안 돼." 디디가 말했다.

"공주님, 우주선을 다시 붙여주세요. 에메랄드 부처님처럼 말이에요."

"아까 부처상을 다시 맞춰 놓느라 모든 에너지를 다 쓴 것 같아…" 디디는 눈을 감고 손을 다시 머리 옆면에 댔다. 나는 여전히 우주선을 붙잡고 있었다.

아무 일도 일어나지 않는 것 같았다. 그런데 내 손이 따뜻해지기 시작했다. 부엌의 블루투스 스피커에 손을 대고 음악을 느꼈을 때처럼 진동이 느껴졌다.

나는 손을 놓았다. 우주선이 조금 흔들렸지만 모양을 유

지했고, 이어진 부분에서는 파란 빛이 나왔다. "이제-"

다시 우주선 조각들이 땅에 떨어졌다. 디디는 잔디밭에 쓰러져 있었다. 토토와 보즈가 디디를 일으키며 앉혔다.

"미안." 디디가 말했다.

"최선을 다했으니까 괜찮아요." 토토가 말했다.

"우리 이제 어떡해? 여기 영원히 갇히게 되는 거야? 내 친구들도 못보고? 아빠도?" 디디가 울먹이며 말했다. 늘 화만 내던 디디가 울먹이는 모습을 보니 안타까운 마음이 들었다. 나도 그 마음이 이해가 되었다.

딩, 동, 댕만 영문을 모른 채 찹쌀밥을 먹고 있었다.

찹쌀! 바로 그거였다! **찹쌀을 이용해 조각들을 붙여보는 거야.**

"자, 됐다." 내가 손을 놓자, 우주선이 그대로 모양을 유지했다.

"너가 해냈어!" 디디가 손뼉을 치며 폴짝폴짝 뛰며 말했다.

찹쌀밥의 힘으로 우주선을 고치다니! 딩, 동, 댕이 먹고 있는 찹쌀밥을 보니 어제 밥알들이 내 신발에 찰싹 붙어있던 게 생각났다. 그 아이디어가 효과가 있었다.

이걸로 될까? 나는 얼굴을 찌푸리며 주변을 돌아봤다. 나는 뒤통수를 긁적이다 내 머리끈을 풀어 머리카락을 털고, 그 끈으로 우주선을 감았다. 튼튼해 보였다.

"이제 널 기억할 수 있는 뭔가가 우리에게 생겼네." 보즈가 머리끈을 보며 말했다.

"고마워." 디디가 말했다. 딩, 동, 댕은 내가 머리 푼 모습에 놀라는 듯했다.

"부서지진 않겠지?" 디디가 물었다.

"걱정마세요. 제가 안전히 운전할게요." 보즈가 미소지으며 말했다.

"정말 고마워!" 보즈가 우주선 옆에 버튼을 누르며 내게 말했다. 또 다른 버튼을 누르니 아무 일도 일어나지 않는 것 같았지만 보즈가 우주선 아래로 가니 하얀빛이 나서 둥둥 떠오르기 시작했다. 그리고 다시 보즈가 우주선으로 쏙 들어가니 구멍이 닫혔다. 정말 신기한 기술이라고 생각했다.

"아주 좋아." 우주선 안에서 보즈의 목소리가 들렸다. 우주선 윗부분이 우윳빛에서 투명하게 바뀌었다. 우주선 안에서 보즈는 깜빡이는 불빛이 가득한 작은 조종석에 앉아 있었다. 보즈 뒤에는 더 많은 의자들이 있었다. 우주선 밑으로 경사로가 내려오고 보즈가 걸어 나왔다.

"우주선은 이제 준비가 됐어. 아름이와 디디 공주님 덕분

에 드디어 집에 갈 수 있게 되었어." 보즈가 나에게 미소를 지었고 나도 미소로 답했다. 마음속은 하루종일 아무것도 먹지 않은 것처럼 공허했다.

"자 이제 모두 집으로 돌아갈 시간이야." 디디는 확실히 기뻐보였다. "화장실 갈 사람은 우주선에서 가지 말고 지금 다녀와."

딩, 동, 댕은 바로 쉬야를 했다.

이제 작별이었다. 외계인들이 우주선 경사로에 하나씩 줄을 섰다. 첫 번째는 잽과 곰곰을 데리고 온 토토였다. "우리를 위해 해주신 모든 것에 감사해요." 그녀가 크게 인사하며 말했다. 나는 몸을 숙여 그녀의 머리 위에 키스했다. 지우개에 키

스하는 것 같은 느낌이었다. 잽과 곰곰도 뭔가 말했다. 하나는 '플르르으으으우우웁' 같았고 다른 하나는 '와즈-와즈' 같았다. 분명 좋은 뜻이었을 것이다.

그 다음으로 사촌들이 왔다. 통통통 마치 탱탱볼처럼 튀어 내려왔다.

"큰 얼굴 누나, 바이바이," 댕이 장난치며 말했다.

다음은 디디였다. 디디는 자세를 곧게 펴고 반듯하게 서서 눈을 감은 채 한 팔을 뻗었다. 나는 뭘 해야 할지 몰랐다. 책에서 왕과 왕비가 저렇게 하는 걸 본 게 기억이 났다. 나는 머리를 깊이 숙이고 디디 공주님의 손을 가져와 입을 맞추며 "공주님." 이라고 말했다.

내가 맞게 했는지 디디가 눈을 뜨고 메롱했다. 나도 메롱으로 답했다. 그리고 디디는 "고마워."라고 속삭였다. 자세는 흐트러짐이 없었다.

마지막으로 보즈가 경사로 아래 서 있었다. 올라가기를 망설이는 것 같았다. 나도 보즈와의 작별 인사가 아쉬웠다.

"정말 고마웠어. 좀더 여기 있고 싶은데." 보즈가 작은 목소리로 말했다.

"넌 조종사잖아. 다른 친구들은 네가 꼭 필요해."

"그렇겠지?" 보즈의 대답에 나는 눈물이 맺혔다.

"이리와 봐." 나는 보즈에게 손을 내밀었다. 보즈는 내 손을 뛰어올라 내 코를 붙잡고 꽉 안았다.

나는 보즈를 코에서 떼어 조심스레 품에 안고 부드럽게 토닥였다.

"다시 꼭 놀러와. 내 친구."

보즈가 웃으며 답했다. "황실 우주선을 또 이렇게 사용한다면, 큰일 나.. 하지만 우린 또 만날 수 있을거야."

"저기, 안가?" 디디가 우주선에서 나와 허리에 손을 얹고 말했다.

"지금 가요!" 보즈는 나에게 내려달라고 손짓하고 바로 우주선으로 올라가 손을 흔들었다.

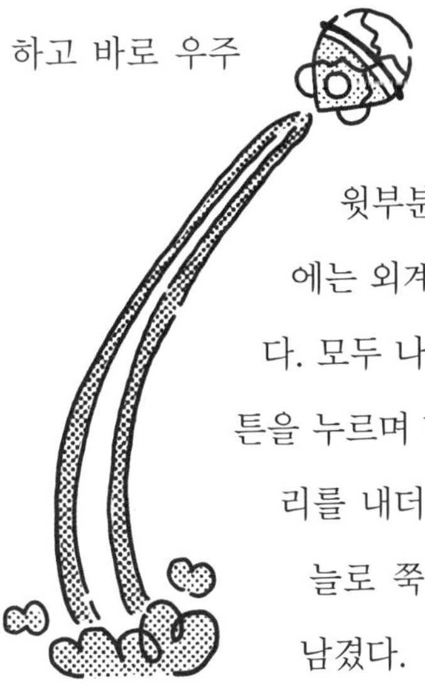

출발 준비를 마친 우주선은 윗부분이 서서히 투명해졌다. 우주선 안에는 외계인 친구들이 서로 붙어 앉아 있었다. 모두 나를 향해 손을 흔들었다. 보즈는 버튼을 누르며 나에게 윙크했고, 우주선은 윙윙소리를 내더니 순식간에 '펑!' 소리와 함께 하늘로 쭉 날아가며 뒤에 무지개색 자국을 남겼다.

그렇게 사라졌다. 남긴 흔적이라고는 땅에 있는 동전 모양의 그을린 자국 뿐이었다. 나는 땅에 있는 흔적을 손으로 쓸어봤다. 놀랍게도 뜨겁지 않고 차가웠다.

마침 아빠가 잠에서 깨셨다. "방금 무슨 소리야? 내가 꿈을 꿨나? 여보 이제 일어납시다." 아빠가 엄마를 깨웠다. 나는 엄마가 일어나기 무섭게 말했다.

"엄마 아빠, 사실 가고 싶은 곳이 몇 군데 있어요. 온갖 종류의 비단을 파는 멋진 곳이 있대요. 그리고 꼭 타봐야 할 배도 있다고 해요! 왓 포와 왕궁도 있고, 꽃 시장도 있고, 볼 것도 할 것도 너무 많아요! 어서요, 빨리 가요!"

엄마와 아빠는 '저 아이가 누구지?'라는 충격을 받은 표정으로 서로를 바라봤다.

"그래! 아름이가 말한 데 다 가보자!!" 아빠가 말했다.

엄마는 풀린 내 머리를 질끈 묶어 주셨다. 우린 그렇게 여행을 시작했다.

그날 밤, 나는 호텔에서 샤워할 차례를 기다리면서 벨트 가방 안에 있는 물건들을 꺼냈다. 아침보다 훨씬 가벼웠다. 우주선 조각도, 작은 외계인들도 없었다. **잠깐, 이게 뭐지? 혹시…?**

와만자였다! 보즈가 여기에 떨어뜨려 놓은 게 틀림없었다! 배터리가 없어서 켜지진 않았다. 그래도 와만자를 다시 보니 기뻤다. 내 외계인 친구들을 기억할 수 있는 기념품이 있다는 게 좋았다. 그러니까 오늘 있었던 일이 꿈이 아니라 **진짜**였던 거다!

나는 호텔 창문 밖 별들을 올려다봤다. 저 별들 중 어딘가에 내 외계인 친구들이 있다. 친구들이 다시 나를 보러 올 수 있으면 좋겠다고 생각했다. 오늘 하루는 정말 마법 같았다. 여행 온 방콕에서 외계인들을 만났고, 나는 그들과 친구가 되었다.

슈~웅
아쉽네요.
나도.
착륙을 시작한다.
도착했다.
뿅
딩~ 그 전선들은
먹는 게 아니야!

저기 오고 있습니다.
그렇군.
구오오오
폐하, 저희는—
설명하거라.
아빠, 제 잘못이에요.
제가 보즈에게 부탁했어요.
그렇게 멀리갈 생각은 없었어요.
공주의 말이
사실인가?

디디 공주님께서 별을 보고 싶어하셨어요. 제가 동의했습니다. 그러지 말았어야 했는데, 제 잘못입니다.
흠… 너희가 착륙했던 행성에 대해 설명해 보아라.
말로 설명하기엔 어렵습니다. 직접 보시는 게 좋을 것 같아요.
나에게 보여준다고? 우리가 살 수 있는 곳인가?
그건 잘 모르겠어요. 그 행성의 주인들은 무지 커요.
하지만, 음식도 물도 있고, 볼 것도 탐험할 것도 많아보였어요.
그리고 착한 여자아이도 하나 있죠.
큰 얼굴! 큰 얼굴!

알겠다… 생각해 보겠다.

그 행성이 너희 말대로라면 우리가
가서 정복해야지…
아님 파괴하거나…

To be continued..

토토의 방콕 가이드!

FOOD

팟타이

'팟'은 볶다, '타이'는 태국을 가리켜요. 그래서 팟타이는 '태국식 볶음면'이라는 뜻을 가진 음식이에요.

팟타이는 태국에서 아주 유명한 길거리 음식으로, 달콤하고 새콤하고 짭짤한 맛이 골고루 어우러져 있어요. 태국 사람들은 시장이나 길거리에서 팟타이를 쉽게 사서 즐겨 먹는답니다.

똠얌꿍

똠얌꿍은 태국의 매운 향신료 수프예요. '똠'은 끓이다, '얌'은 새콤하고 매운 맛, '꿍'은 새우를 뜻해요. 그래서 똠얌꿍은 '새콤하고 매콤한 새우 수프'라는 의미가 된답니다.

세계 3대 수프 중 하나로 꼽히는 똠얌꿍에는 새우, 버섯, 레몬그라스(레몬 향이 나는 풀), 라임 잎, 고추, 코코넛 밀크와 같은 재료가 들어가요. 이 재료들이 어우러져 새콤하고 매콤하면서도 고소한 맛이 나요. 게다가 똠얌꿍은 태국에서는 감기에 걸렸을 때 똠얌꿍을 먹으면 몸이 따뜻해진다고 믿어요.

그린 커리

'그린'은 초록색, '커리'는 양념이 많은 국물 요리를 가리켜요. 그래서 그린 커리는 초록색을 띠는 태국식 국물 요리랍니다.

초록 고추와 향긋한 허브에 코코넛 밀크가 들어가 살짝 매콤하면서도 부드럽고 약간 달콤한 맛이 나요. 태국 사람들은 보통 밥이나 국수에 그린 커리를 부어 함께 먹는 경우가 많아요.

푸팟퐁 커리

푸팟퐁 커리는 게를 사용해서 만든 태국식 커리 요리예요. '푸'는 게, '팟'은 볶다, '퐁 커리'는 커리 가루를 뜻해요. 그래서 푸팟퐁 커리는 '게와 커리를 볶은 요리'라는 의미가 된답니다.

이 요리에는 꽃게, 달걀, 양파, 파프리카, 셀러리, 커리 가루, 코코넛 밀크나 우유 같은 재료가 들어가요. 여기에 달걀을 넣어서 부드럽고 고소하면서도, 살짝 매콤하고 달콤한 맛이 나요. 부드러운 달걀 커리 소스와 게살이 잘 어울려서 밥과 함께 먹으면 정말 맛있답니다.

PLACES

룸피니 공원

룸피니 공원은 태국 방콕에 있는 큰 공원이에요. 방콕 시내 한가운데 있어서 사람들이 도심 속 자연을 느낄 수 있는 곳이지요. 그래서 '방콕의 휴식 공간'이라고도 불려요.

공원 안에는 큰 도마뱀처럼 생긴 '워터 모니터(물왕 도마뱀)'라는 동물이 살고 있어요. 많은 관광객이 이 도마뱀을 보려고 공원을 찾는답니다. 무섭게 생겼지만 보통 사람을 해치지는 않아요.

마하나콘 타워

마하나콘 타워는 태국 방콕에 있는 아주 높은 건물 중 하나로, 높이가 약 314미터예요. 우리나라 63빌딩보다 훨씬 높답니다. '마하나콘'은 태국어로 '위대한 도시'라는 뜻을 가지고 있어요.

이 건물은 마치 레고 블록이 빠진 것처럼 중간중간 움푹 파여 있어서, 멀리서 보면 디지털 건물처럼 보이기도 해요. 그리고 건물 꼭대기에는 '스카이워크'라는 곳이 있어요. 바닥이 투명한 유리로 되어 있어서 아래를 내려다보면 마치 하늘 위를 걷는 느낌이 들어요.

센트럴 월드

센트럴 월드는 태국 방콕의 중심가인 시암 근처에 위치한 아주 크고 유명한 쇼핑몰이에요. 천 개가 넘는 가게들이 모여 있어 볼거리와 즐길 거리가 정말 많답니다. 다양한 식당과 영화관, 장난감 가게, 게임 센터까지 갖춰져 있어 가족 모두가 즐길 수 있는 곳이에요.

특히 크리스마스 시즌에는 태국에서 가장 큰 트리가 세워져서 많은 사람들이 사진을 찍는 유명한 포토 스팟이 된답니다.

짐 톰슨 하우스

짐 톰슨 하우스는 태국 전통 가옥과 예술품을 함께 볼 수 있는 박물관이에요.

이곳은 미국인 건축가이자 사업가였던 짐 톰슨이 살던 집으로 여러 채의 태국 전통 목재 가옥을 모아 지었다고 해요. 조용한 정원과 함께 그의 예술품과 옛날 물건들을 감상할 수 있는 멋진 장소랍니다.

짐 톰슨은 제2차 세계 대전 이후 태국에 머물면서 태국 실크(비단) 산업을 발전시키는 데 큰 역할을 했어요. 그래서 그를 '태국 실크의 아버지'라고도 부른답니다.

프라투남 야시장

프라투남 야시장은 태국 방콕 중심부에 위치한 아주 활기찬 시장이에요. '프라투남'이라는 번화한 지역 한가운데 자리하고 있어서 자연스럽게 프라투남 야시장으로 불린답니다. 많은 사람들이 맛있는 음식과 쇼핑을 즐기러 이곳을 찾아요.

이곳에는 옷, 신발, 가방 같은 패션 아이템은 물론, 망고 찹쌀밥, 과일 주스, 태국식 팬케이크 등 다양한 길거리 음식들도 만날 수 있어요. 시장은 보통 저녁 6시쯤 문을 열어 밤 늦게까지 활기차게 운영된답니다.

팍 클롱 탈랏

팍 클롱 탈랏은 방콕에서 가장 유명한 꽃 시장으로 24시간 열려 있는 곳이에요. 이곳에서는 장미, 국화, 해바라기, 연꽃, 난초 등 다양한 종류의 꽃을 만날 수 있어요. 가장 신선한 꽃을 보고 싶다면 밤 10시부터 새벽 4시 사이에 방문하는 것이 좋아요. 그 시간대에 전국 각지에서 갓 수확한 꽃들이 도착한다고 해요.

왓 아룬

왓 아룬은 차오프라야 강 옆에 위치한 사원으로 방콕을 대표하는 사원 중 하나예요. 강 옆에 위치해 있어서 해가 뜰 때나 질 때 햇빛을 받아 반짝반짝 빛나는 모습이 정말 아름다워요. 이런 이유로 '새벽 사원(The Temple of Dawn)'이라고도 불려요.

사원 중심에는 높이가 약 80미터에 이르는 큰 탑(프랑)이 있어요. 이 탑은 깨진 도자기 조각들로 장식되어 있어 가까이서 보면 독특하고 아름다운 무늬들을 감상할 수 있답니다.

또한, 탑뿐만 아니라 사원 안에는 불상과 신화 속 인물의 조각상, 아름다운 정원들도 있어서 볼거리가 아주 많아요.

왓 포

왓 포는 방콕에서 가장 오래된 사원 중 하나예요. 정식 이름은 '왓 프라 체투폰 위몬 망클라람 랏차워람아하위한'이지만, 보통은 짧게 '왓 포'라고 불러요.

이 사원에는 거대한 황금색 와불상, 즉 누워있는 부처상이 있어요. 이 불상의 길이는 46미터, 높이는 15미터나 됩니다. 또 발바닥에는 자개로 만든 무늬가 새겨져 있는데 이는 불교의 우주를 상징한다고 해요.

또한 사원 안에는 천 개가 넘는 크고 작은 불상들과, '체디'라고 불리는 예쁜 탑이 곳곳에 있어 늘 관광객으로 북적이는 곳이랍니다.

왕궁

왕궁은 아주 특별한 곳으로, 옛날 태국 왕이 살던 궁전이에요. 지금도 중요한 행사나 의식이 있을 때 사용된답니다.

짜오프라야 강 근처에 위치해 있어서 궁전 안에서도 강을 볼 수 있어요. 황금으로 덮인 지붕과 아름다운 벽화, 그리고 화려한 조각과 탑(스투파)들이 어우러져 정말 멋져요.

특히, 왕궁 안에는 '왓 프라깨우(에메랄드 사원)'라는 아주 유명한 사원이 있어요. 이 사원 안에는 '초록빛 불상'이라고 불리는 에메랄드 불상이 있어서 많은 사람들이 찾아온답니다.